Anton Springer

Michelangelo in Rom 1508-1512

Anton Springer

Michelangelo in Rom 1508-1512

ISBN/EAN: 9783743669550

Hergestellt in Europa, USA, Kanada, Australien, Japan

Cover: Foto ©ninafisch / pixelio.de

Weitere Bücher finden Sie auf **www.hansebooks.com**

MICHELANGELO

IN ROM

1508—1512

VON

ANTON SPRINGER.

LEIPZIG
VERLAG VON S. HIRZEL
1875.

1.

Der Höhepunkt in Michelangelo's Leben fällt in die letzten Jahre des Pontificates Julius II. Grosse Pläne und gewaltige Entwürfe hatten den Meister auch in früheren und späteren Zeiten beschäftigt. An das Riesendenkmal Julius II. legte er die erste Hand bereits 1505. Dem reifsten Mannesalter wieder gehören die grossen Bauunternehmungen von San Lorenzo in Florenz und der römischen Peterskirche an. Von dem Papstgrabe aber sagte Michelangelo selbst, dass es ihm statt des Dankes nur Hass und Schande gebracht und seine ganze Jugend vergällt hätte. Und auch die Baupläne der späteren Jahre wurden in dürftiger, verkümmerter Weise verkörpert. Eine vollendet grosse That dagegen, in der Ausführung noch ungleich grösser als im ersten Gedanken schuf Michelangelo in den Deckenbildern der Sixtinischen Capelle, an welchen er in den Jahren 1508—1512 arbeitete. Hier allein entfaltete er frei seine beinahe unbegrenzt reiche künstlerische Kraft, nur in diesem Bilderkreise kamen seine Absichten völlig ungehindert zur Geltung. Wer die Fresken an der Decke der Sixtina kennt, kennt beinahe den ganzen Michelangelo, wer sie nicht kennt, besitzt keinen klaren Einblick in die Natur des Meisters, und wären seinen Augen auch alle plastischen Werke desselben geläufig. Es ist begreiflich, dass wir einem Zeitraume, der in Michelangelo's Leben so bedeutsam dasteht, unsere besondere Aufmerksamkeit zuwenden und jede neue Kunde, die wir über denselben empfangen, mit heller Freude begrüssen, zumal, da unser Wissen von Michelangelo's Thätigkeit in den Jahren 1508—1512 bis jetzt nicht nur ziemlich dürftig, sondern auch vielfach in sich widerspruchsvoll war.

Kein erwünschteres Festgeschenk zur Feier des „quarto centenario" konnte uns daher gegeben werden, als Michelangelo's bis jetzt im Archivio Buonarroti eifersüchtig bewachten Briefe. Sie liegen, vereinigt mit jenen im Britischen Museum bewahrten, gegenwärtig in einer Prachtausgabe vor uns, welche den geschätzten Namen *Gaetano Milanesi* als Herausgeber an der Stirne trägt. Die Briefe sind nach den Adressaten geordnet und in zwei grössere Gruppen gegliedert. Den „lettere alla famiglia", an den Vater Lodovico, an die Brüder Buonarroto, Giovan Simone, Gismondo und an den Neffen Lionardo gerichtet, folgen 153 lettere a diversi. Hätte dem Herausgeber die Eintheilung nach der Zeitfolge beliebt, gleichviel ob der Brief für die Familie oder für einen Fremden bestimmt gewesen, so wären gewiss die Fehler in der Datirung unterblieben, welche jetzt den Weg des Forschers namentlich für die Periode 1506—1512 dornig machen und die vertrauensvolle Benutzung der neu entdeckten Quellen vielfach verhindern. Unläugbar hätten auch Register und Inhaltsangaben die

Bequemlichkeit des Gebrauches vermehrt. Ihre Abwesenheit ist aber noch weniger zu beklagen als die Beschränkung der Jubelausgabe ausschliesslich auf die von Michelangelo geschriebenen Briefe. Die an ihn gerichteten tragen nicht selten zur Kenntniss seines Lebens und zum Verständniss seiner Wirksamkeit eben so viel und noch mehr bei als die eigenen Episteln. Zum Glücke hat *Aurelio Gotti* in seiner ebenfalls als Festgabe dargereichten „Vita di Michelangelo Buonarroti narrata con l'aiuto di nuovi documenti" diese Lücke einigermassen ausgefüllt und uns in den Stand gesetzt, mit ziemlicher Sicherheit und in der Ueberzeugung, dass das vollständige Material schon vorliegt, Michelangelo's Leben während der letzten Jahre des Pontificates Julius II. zu erzählen.

2.

Michelangelo kam in seinen späteren Jahren zu wiederholten Malen auf seine Stellung zum Papste Julius II. und auf seine Thätigkeit während dessen Pontificates zurück. Den Anlass dazu bot ihm die „Tragödie" seines Lebens, das Papstdenkmal. Da er mit den Erben des Papstes sich in einen argen Streit verwickelt sah und schlimme Reden über seine Wortbrüchigkeit und Habsucht hören musste, suchte er sich vor den Freunden und Gönnern zu rechtfertigen und legte ihnen die wahre Sachlage vor, wie das alles im Laufe der Jahre gegen seinen Willen so gekommen sei und wie er an den leidigen Vertröstungen und Verschleppungen nicht die geringste Schuld trage. Etwa im J. 1542 verfasste er eine Denkschrift, welche weitläufig die Schicksale des Denkmales und des Künstlers persönliches Verhältniss zu Papst Julius II. schildert, uns aber, wie es scheint, nur in einer wenig geschickten Bearbeitung erhalten blieb.[1]) Ungleich wichtiger ist ein von Michelangelo an Giovan Francesco Fattucci (bis 1522 cappellano in Santa Maria del Fiore in Florenz, später in den Diensten Clemens VII. in Rom) ungefähr 1524 gerichteter Brief. In demselben nemlich behandelt Michelangelo nicht allein den unmittelbaren Gegenstand des Streites, sondern giebt auch von seinem ganzen Thun und Treiben während der Regierung Julius II. genaue Rechenschaft. Er lautet (*Milanesi* CCCLXXXIII) folgendermassen:[2])

Herr Giovan Francesco!

„In Euerem Briefe verlangt Ihr Auskunft, wie es „mit meinen Angelegenheiten das Grabmal Julius II. „betreffend wohl stehe. Ich kann Euch nur sagen, dass, „wenn ich alle Einbussen und dann die Zinsen zurück-

---

[1]) Zuerst von Ciampi 1834 herausgegeben, dann von Alfred Reumont (Ein Beitrag zum Leben Michelangelo Buonarotis) übersetzt. Gaye (Carteggio II, 83) bezweifelte die Aechtheit des Schriftstückes; jedoch mit Unrecht. Dasselbe ist vielfach interpolirt, die Nachschrift von einem Dritten redigirt, doch liegt dem Ganzen unbestreitbar ein Originalbrief Michelangelo's als Kern zu Grunde.

[2]) Messer Giovanni Francesco. Voi mi ricercate per una vostra come stanno le cose mie con papa Julio. Jo vi dico che se potessi domandar danni e interessi, più presto stimerei avere avere, che avere a dare.

„fordern dürfte, ich viel eher noch Geld herauszu-
„bekommen, als solches herauszugeben hätte.

„Als der Papst um mich nach Florenz sandte, was
„ich glaube im zweiten Jahre seines Pontificates ge-
„schah, hatte ich die Hälfte des Rathssaales, nemlich
„seine Ausmalung übernommen. Dafür hatte ich 3000
„Ducaten erhalten und da der Carton wie ganz Florenz
„weiss, bereits fertig war, so schienen sie mir schon
„halb gewonnen. Und von den 12 Aposteln, welche
„ich für Santa Maria del Fiore zu arbeiten hatte, war
„einer angelegt, wie man noch jetzt sehen kann und
„der grössere Theil der Marmorblöcke herbeigeschafft.
„Dadurch, dass mich Papst Julius von Florenz weg-
„nahm, hatte ich nun nichts von der einen und von
„der anderen Arbeit.

„Dann als ich mit dem Papste in Rom war und
„er sein Grabmal bei mir bestellte, auf welches für
„tausend Ducaten Marmor ging, liess er sie mir aus-
„zahlen und schickte mich um die Steine nach Carrara.
„Ich blieb dort acht Monate, liess die Steine behauen

Perchè quando mandò per me a Firenze, che credo fussi el secondo anno del suo Pontificato, io avevo tolto a fare la metà della sala del Consiglio di Firenze, cioè a dipignere, che n'avevo tre mila ducati, e di già era fatto el cartone, come è noto a tutto Firenze; che mi parevon mezzi guadagnati. E de dodici Apostoli che ancora avevo a fare per Santa Maria del Fiore n'era bozato uno, come ancora si vede, e di già avevo condotti la maggior parte di marmi. E levandomi papa Julio di qua, non ebbi nè dell' una cosa nè dell' altra niente. Dipoi sendo io a Roma con detto papa Julio, e avendomi allogato la sua sepultura, nella quale andava mille ducati di marmi, me gli fece pagare e mandòmi a Carrara per

„und brachte sie fast alle auf den Petersplatz; nur
„ein Theil blieb auf der Ripa zurück.

„Nachdem ich die Fracht für die Marmorblöcke
„bezahlt hatte und die für das Werk empfangenen
„Gelder nicht ausreichten, stattete ich das Haus, das
„ich auf dem St. Petersplatze besass, aus meinem
„Gelde mit Betten und Geräthe aus, in der Hoffnung
„auf das Grabdenkmal und liess Gehilfen aus Florenz
„kommen, von welchen einige noch am Leben sind,
„um die Arbeit zu beginnen. Auch diese zahlte ich
„vorläufig aus meinem Seckel.

„In dieser Zeit änderte Papst Julius seinen Ent-
„schluss und wollte nicht, dass an dem Denkmal weiter
„gearbeitet werde. Da ich dieses nicht wusste und
„zu ihm ging, Geld zu fordern, wurde ich aus dem
„Palaste herausgeworfen. Ueber diesen Schimpf ver-
„liess ich sogleich Rom. Was ich in meinem Hause
„hatte, verdarb und die Marmorblöcke, die ich zuge-
„führt hatte, blieben bis zur Krönung Papst Leo's
„auf dem Petersplatze liegen. Also hatte ich da und

---

essi, dov' io stetti otto mesi a fargli bozzare, e condussi quasi tutti in
sulla piazza di Santo Pietro, e parte ne rimase a Ripa.

Dipoi finito di pagare i noli di detti marmi e mancandomi e' danari
ricevuti per detta opera, forni' la casa che io avevo in sulla piazza
di Santo Pietro di letti e masserizie del mio, sopra la speranza
della sepultura, e fe' venire garzoni da Firenze, che ancora n'è vivi,
per lavorare; e detti loro danari inanzi del mio. — In questo tempo
papa Julio si mutò d'oppenione e non la volse più fare: e io non
sapiendo questo, andandogli a domandare danari, fui cacciato di
camera: e per questo isdegno mio partí sùbito di Roma; e andò male
ciò che io avevo in casa; e c'detti marmi ch'io avevo condotti, stettono
insino alla creazione di papa Leone in sulla piazza di Santo Pietro;

„dort grossen Schaden. Unter anderem, was ich be-
„weisen kann, erwähne ich, dass mir zwei Blöcke,
„einer 4½ Ellen gross, von der Ripa durch Agostino
„Chigi entwendet wurden, die mehr als 50 Ducaten
„Geld kosten und die zurückerstattet werden könnten,
„da sich dafür Zeugen finden. Doch um auf die
„Marmorsteine zurückzukommen: Von dem Zeitpunkte,
„dass ich sie holen ging und in Carrara mich auf-
„hielt bis zu meiner Vertreibung aus dem Palaste,
„verstrich mehr als ein Jahr. In dieser ganzen Zeit
„erhielt ich nichts und steckte noch einige Dutzend
„Ducaten hinein.

„Dann als Papst Julius das erste Mal nach Bologna
„ging, wurde ich gezwungen, dorthin zu wandern mit
„dem Stricke um den Hals, seine Verzeihung zu er-
„bitten. Da gab er mir seine Statue in Erz zu
„machen, die sitzend etwa 7 Ellen hoch war. Er
„fragte nach den Kosten derselben, und als ich ihm
„antwortete, ich glaubte den Guss mit 1000 Ducaten

---

e dell' una parte e dell' altra n'andò male assai. Fra gli altri di quel ch'io posso provare, me ne fu tolti dua pezzi di quattro brazzia e mezzo l'uno da Ripa da Agostino Ghigi, che m'erano costi a me più di cinquanta ducati d'oro, e questi si potrebbon risquotere, perchè ci è testimoni. Ma per tornare a' marmi, dal tempo che io andai per essi e che io stetti a Carrara, insino a che io fui cacciato di Palazo, v'andò più d'un anno: del qual tempo non ebbi mai nulla, e messovi parecchi decine di ducati.

Dipoi la prima volta che papa Julio andò a Bolognia, mi fu forza andare là con la coreggia al collo a chiedergli perdonanza; onde lui mi dette a fare la figura sua di bronzo, che fu alta a sedere circa a sette braccia. Domandandomi che spesa la sarebbe, io gli risposi che credero gittarla con mille Ducati, ma

„bestreiten zu können, die Giesskunst sei aber nicht
„meine Sache und ich könnte mich zu nichts ver-
„pflichten, sagte er: Geh, arbeite und giesse sie so
„oftmal bis sie gelingt und wir werden dir so viel
„geben, dass du zufrieden sein wirst. Um es kurz zu
„machen: die Statue wurde zweimal gegossen, und am
„Ende der 2 Jahre, die ich mich dort aufhielt, fand
„ich, dass mir 4½ Ducaten erübrigten. Und in dieser
„Zeit hatte ich nichts anderes, und alle Auslagen in
„den genannten zwei Jahren bestritt ich von den 1000
„Ducaten, von denen ich sagte, dass ich mit ihnen
„die Gusskosten zu decken hatte und die mir in
„mehreren Raten von Herrn Antonio Maria da Legniame
„ausgezahlt wurden.

„Nachdem die Statue an der Façade von San
„Petronio aufgestellt und der Papst nach Rom zu-
„rückgekehrt war, wollte er auch jetzt nicht, dass ich
„an dem Grabmale arbeite, sondern wies mich an,
„die Decke der Sixtina auszumalen, und wir kamen
„über die Zahlung von 3000 Ducaten überein. Der

---

che e non era mia arte e che io non mi volevo obrigare, mi rispose:
„Va, lavora e gitterella tante volte che la venga, e daremti tanto
che tu sarai contento". Per abreviare, la si gittò dua volte, e in
capo di du' anni ch'io vi stetti, mi trovai avanzati quattro ducati e
mezzo. E di questo tempo non ebbi mai altro; e le spese tutte
ch'io feci, ne' detti dui anni furno de' mille ducati con che io avevo
ditto che la ri gitterebbe: e' quali mi furono pagati in più volte da
messere Antonio Maria da Legnia(me) bolognese.

Messo su la figura nelle facciata di San Petronio e tornato a
Roma, non volse ancora papa Julio che io facessi la sepultura, e
missemi a dipignere la volta di Sisto, e facemo e' patti tre mila
ducati. E'l disegno primo di detta opera furono dodici Apostoli

„erste Entwurf zu diesem Werke zeigte die 12 Apostel
„in den Bogenfeldern und im übrigen mit Ornamenten
„angefüllte Felder, wie das so üblich ist. Als ich
„das Werk anfing, schien es mir, dass es ein ärm-
„liches Ding werden würde und ich sagte dem Papste,
„wie es mir vorkomme, dass die Apostel allein einen
„ärmlichen Eindruck machen; und als er fragte warum?
„antwortete ich, weil sie selbst arm waren. Darauf gab
„er mir einen neuen Auftrag, ich möge machen, was ich
„wolle; er werde mich zufrieden stellen und ich solle
„die Decke malen bis zu den unteren Historienbil-
„dern. In dieser Zeit, als die Decke beinahe fertig
„war, begab sich der Papst wieder nach Bologna.
„Daher ging ich zweimal dorthin der Gelder wegen,
„die ich zu empfangen hatte. Ich that nichts und
„verlor diese ganze Zeit, bis er nach Rom zurück-
„kehrte. In Rom wieder angekommen machte ich
„mich daran, die Cartons für das genannte Werk zu
„zeichnen, nemlich für die Schmal- und Langseiten
„rings um die Capelle, wobei ich immer hoffte Geld

nelle lunette, e'l resto un certo partimento ripieno d'adornamenti come
si usa. Dipoi cominciata detta opera, mi parve riuscissi cosa povera, e
dissi al Papa, come facendovi gli Apostoli soli mi parea che riuscissi
cosa povera. Mi domandò perchè: io gli dissi, perchè furon poveri
anche loro. Allora mi dette nuova commissione ch'io facessi ciò
ch'io volevo, e che mi contenterebe, e che io dipignessi insino alle
storie di sotto. In questo tempi quasi finita la volta, el Papa ritornò
a Bologna: ond'io v'andai dua volte per darnari che io aveva avere,
e non feci niente e perde' tutto questo tempo, finchè ritornò a Roma.
Ritornato a Roma, mi missi a far cartoni per detta opera, cioè per
le teste e per le faccie attorno di detta cappella di Sisto; e sperando

„zu bekommen und die Arbeit zu endigen. Da ich
„nichts erreichen konnte und mich eines Tages gegen-
„über dem Herrn Bernardo da Bibbiena und Atalante
„beklagte, wie meines Bleibens in Rom nicht mehr
„wäre und ich in Gottesnamen weiter wandern müsste,
„sagte Herr Bernardo zu Atalante: er möge ihn
„daran erinnern, er wolle mir jedenfalls zu meinem
„Gelde verhelfen. Er liess mir 2000 Ducaten (ducati
„di camera) auszahlen. Das sind jene 2000, die mir
„mit jenem ersten Tausend für die Marmorblöcke in
„die Rechnung des Grabmales gestellt werden, von
„welchen ich glaubte, dass ich sie mehr für die ver-
„lorene Zeit bekam, als für die geleistete Arbeit.
„Und von diesem Gelde schenkte ich, da sie mir
„wieder zum Leben verholfen hatten, dem Herrn Ber-
„nardo 100 und Atalante 50 Ducaten.

„Dann kam der Tod des Papstes. Im Anfange des
„Pontificates Leo X, da der Cardinal von Agens
„das Grabmal grösser haben wollte, ein grösseres

---

aver danari e finire l'opera. Non potetti mai ottenere niente: e dolendomi un dì con messer Bernardo da Bibbiena e con Attalante, com' io non potevo più stare a Roma e che mi bisogniava andar con Dio; messer Bernardo disse a Attalante che gniene ramentassi, che mi voleva far dare danari a ogni modo. E fecemi dare du' mila ducati di Camera, che son quelli con que' primi mille de' marmi ch'e' mi mettono a conto della sepultura; e io stimavo averne aver più pel tempo perduto e per l'opere fatte. E de' detti danari, avendo messer Bernardo et Attalante risucitatomi, donai a l'uno cento ducati, all' altro cinquanta.

Dipoi venne la morte di papa Julio: e a tempo nel prencipio di Leone, Aginensis volendo accrescere la sua sepultura, cioè far

„Werk nemlich als nach der Zeichnung, die ich da-
„von anfangs gemacht, so wurde ein neuer Vertrag
„geschlossen. Da ich aber nicht wollte, dass die
„empfangenen 3000 Ducaten mit auf die Rechnung
„gesetzt würden, weil mir viel mehr gebühre, sagte mir
„der Cardinal, ich wäre ein Betrüger."

3.

Michelangelo's Brief wirft auf die Geschichte seiner beiden Hauptwerke, des päpstlichen Grabmales und der Fresken in der Sixtina ein helles Licht. Er gibt uns den Zeitpunkt an, in welchem er nach Rom gerufen wurde. Dieses geschah im Winter 1504—1505, wenn wir ihn bei dem Worte nehmen, nicht vor dem 1. November 1504. Sein Auftrag bezog sich auf das Grabdenkmal des Papstes. Da er acht Monate in Carrara blieb, im April 1506 bereits aus Rom floh, so konnte er unmöglich das Werk selbst namhaft vorwärts bringen. Die folgenden Jahre aber der Regierung Julius II. wurde er eingeständlich von der Arbeit an dem Grabmale abgehalten, so dass erst die Erben des Papstes 1513 die Angelegenheit wieder in Fluss brachten. Ein neuer Vertrag, von Milanesi p. 635 mitgetheilt, wurde abgeschlossen, ein genaues

---

maggiore opera che il disegno ch'io avevo fatto prima, si fece uno contratto. E non volendo io ch' e' vi mettesino a conto della sepultura i detti tre mila ducati ch'io avevo ricevuti, mostrando ch'io avevo avere molto più; Aginensis mi disse, che io ero un ciurmadore.

Modell entworfen. Nach der herrschenden Meinung, die sich auf Condivi beruft, war dieses Modell, dieser zweite Entwurf einfacher, kleiner als die ursprüngliche Zeichnung. Diese Ansicht nun straft Michelangelo's Brief unumwunden Lügen. Bei Condivi (cap. xxxix) heisst es: die Erben trugen ihm einen neuen Entwurf auf „*parendo loro il primo disegno impresa troppo grande.*" Michelangelo dagegen gibt als Grund des neuen Contractes den Wunsch der Erben an: „*accrescere la sepultura, cioè far maggiore opera che il disegno ch'io avevo fatto prima*". So steht Behauptung gegen Behauptung. Welcher von beiden die grössere Autorität zukomme, darüber kann kein Zweifel herrschen. Michelangelo berichtet über das Werk zu einer Zeit, während er noch an demselben arbeitet; erst 25 Jahre später, nachdem das Denkmal in der traurig abgekürzten und beschnittenen Form, über welche sich schliesslich die Parteien — die Erben und der Künstler — vereinigt hatten, längst aufgestellt war, hebt Condivi's Erzählung an. Sein Irrthum ist an sich schon viel wahrscheinlicher, zumal er auch sonst sich keineswegs als ein unbedingt zuverlässiger Zeuge offenbart und der Nachweis, dass er nur die spätesten reducirten Entwürfe vor Augen hatte, mit ziemlicher Sicherheit geführt werden kann. Die wahre Sachlage, wie sich dieselbe nach den bei Milanesi publicirten Urkunden herausstellt, ist folgende:

Gleich nach dem Tode Julius II. gingen die Testamentsexecutoren an die Ausführung des so lange schon hinausgeschobenen Werkes. Michelangelo verpflichtete sich zur Vollendung desselben binnen sieben Jahren, gab die Zusage, keine grössere Arbeit bis dahin zu übernehmen, und legte ein Modell des Grabmales vor. Als Gegenleistung wurden ihm 16,500 Ducaten in Gold zugesprochen.

Das Grabdenkmal sollte nach dem Modell von 1513 sich an die Mauer anlehnen, also nur drei Fronten bilden, deren jede zwei Tabernakel in sich schloss und über dem ringsum laufenden Sockel in reichem architectonischen Schmuck, mit Pfeilern, Architraven, Friesen und Karniesen prangte. In jedem Tabernakel befanden sich zwei Statuen und ebenso sollte vor jedem Pfeiler, welche das Tabernakel einfassten, eine Statue errichtet werden, also im Ganzen, da es sechs Tabernakel und zwölf Pfeiler gab, 24 Statuen am Unterbaue allein. Derselbe trug den Sarkophag mit der Figur des Paptes und vier Statuen in doppelter Lebensgrösse. An den Seiten des Sarkophages sassen auf vorspringenden Würfeln sechs ebenso mächtige Figuren. Im Hintergrunde endlich, da, wo das Grabmal an die Mauer anstiess, erhob sich noch zuoberst eine kapellenartige Nische mit 5 Statuen, welche, weil sie vom Auge am weitesten entfernt waren, an Grösse alle anderen Bildsäulen überragten. Auch Reliefs, Historien, sollten zwischen je zwei Tabernakeln in Marmor oder in Erz angebracht werden.

Im Gegensatze zu diesem Programm gibt Condivi's Beschreibung dem Denkmale die Form eines vollkommenen Freibaues mit vier Fronten. Man darf nicht glauben, dass das Monument dadurch sich mächtiger und gewaltiger gestaltet hätte. Im Gegentheil. Da der plastische Schmuck der gleiche ist — die von Condivi hervorgehobene Zahl von 40 Statuen rechnet man auch auf dem Entwurfe von 1513 zusammen — sich aber auf 4 Seiten vertheilt, so muss der Eindruck viel dürftiger erscheinen, als wenn der Sculpturenreichthum sich auf drei Fronten zusammendrängt. Davon abgesehen, baut sich aber das Denkmal nach dem Entwurf von 1513 ungleich grossartiger und überdiess auch organischer auf. Es ist zweifelhaft, ob die Rossellinische Tribuna in der Peterskirche, in welcher nach Condivi das Grabdenkmal aufgestellt werden sollte, den ausreichenden Raum für einen Freibau gewährt hätte; es ist dagegen sicher, dass der (wie frühe?) gefasste Entschluss, auch diese aus der Zeit Nicolaus V. stammende Tribuna oder Apsis zu Gunsten des Bramante'schen Neubaues zu entfernen, auf den Plan des Grabdenkmales grossen Einfluss üben musste.

Das Ergebniss der Untersuchung lautet also ganz zu Gunsten des Entwurfes von 1513. Von allen Entwürfen, die wir kennen, ist er entschieden der grossartigste und reichste. Dieses gilt sowohl in Bezug auf den bei Condivi beschriebenen Plan, wie auf die anderen Entwürfe, von welchen die in ursprünglicher Fassung erhaltenen Verträge vom 8. Juli 1516, vom 29. April 1532 und vom 20. August 1542 sprechen.[1]

---

[1] Alle diese Verträge sind bei Milanesi (Contratti artistici p. 635—715) im lateinischen Originaltexte und in der italienischen

Während nach Michelangelo's eigenem Geständniss Papst Julius ursprünglich die Summe von 10,000 Ducaten für sein Grabmal bestimmte,[1]) erhöhten 1513 die Testamentsexecutoren dieselbe auf 16,500 Ducaten. Der Rückschluss von der Höhe der Kosten auf die Grösse des Denkmales erscheint gewiss nicht unstatthaft. Kommt nun noch hinzu, dass Michelangelo selbst zu wiederholten Malen [2]) den nach dem Tode Julius II. entworfenen Plan als den grösseren bezeichnet, so

---

Uebersetzung abgedruckt. Dem ersten und zweiten Vertrage (1513 und 1516) fügte der Künstler eine genaue Beschreibung des Modelles bei, aus welcher hervorgeht, dass der Entwurf von 1516 noch immerhin eine grosse Pracht und eine Fülle des plastischen Schmuckes entfaltete. Die reducirte Form empfängt das Grabmal erst 1532. Nachdem die Auflösung aller früheren Contracte ausgesprochen ist, heisst es in dem Vertrage vom 29. April 1532 weiter: „Magister Michael Angelus promisit facere et dare novum modellum seu designum dicti sepulchri ad sui libitum, in quo et illius compositione ponet et dabit prout dare promisit idem magister Michael Angelus sex statuas marmoreas inceptas et nondum perfectas, Rome vel Florentie existentes, hic Rome sua manu et opere perfectas, nec non alia quecumque ad dictum sepulchrum parata." Erst im Contracte vom 20. August 1542 treten Francesco d'Urbino (für das Ornamentale) und Rafaelo da Montelupo in den Vordergrund. Von letzteren rühren her: una nostra donna con il putto in braccio, quale di già in tutto è finita; una Sibylla, uno Profeta, una Vita attiva et una Vita contemplativa, bozzate et quasi finite di mano di Michelagnolo. Nur die Mosesstatue ist eine eigenhändige Arbeit des Meisters.

[1]) *Milanesi* CCCLXXXIV. Ne' primi anni di papa Julio dopo molti disegni della sua sepultura, uno gniene piacque sopra 'l quale facemo el mercato e tolsila a fare per dieci mila ducati.

[2]) Auch in der Denkschrift vom J. 1542 bei *Ciampi* u. *Milanesi* (CDXXXV) heisst es: „Poi dopo la morte di Julio Aginensis volse seguitare detta sepultura, ma *maggior cosa*.

kann das Urtheil über die Bedeutung des Entwurfes vom Jahre 1513 nicht schwanken. Freilich wird die Ansicht aufgestellt, der grössere Maassstab, von dem geprochen wird, sei nur in Bezug auf die schliessliche reducirte Ausführung gemeint. Der Zusammenhang der Sätze beweisst aber, dass der grössere Maassstab von dem Entwurfe vom Jahre 1513 behauptet werde und zwar behauptet im Verhältniss zum ersten Plane, zur ursprünglichen Zeichnung. „A tempo nel prencipio di leone Aginensis volendo accrescere la sua sepultura, cioè far maggiore opera, che il disegno ch'io avevo fatto prima, si fece uno contratto."

Nach der Feststellung der Thatsachen darf nun auch ihr Werth für die Biographie Michelangelo's betont werden. Die aufsteigende Linie in der Entwickelung des Meisters wird um mehrere Jahre verlängert. Nach der bisher gangbaren Ansicht feiert Michelangelo seine glänzendste Zeit in dem ersten Jahre seines römischen Aufenthaltes. Er geniesst das volle Vertrauen des Papstes, das Werk, das er begonnen hat, verheisst ihm unsterblichen Ruhm und sagt seiner innersten Natur vollkommen zu. Grosse und kühne Gedanken leben in seinem Kopfe und werden auch bald im Marmor leben. Aber nur eine kurze Spanne währt das Glück wahrhaft freien, grossen Schaffens. Schon die Berufung in die Sixtina erscheint als Abfall. Die Malerei, zu deren Ausübung er gezwungen wird, droht ihn von dem rechten Wege abzulenken, vollends der Plan des Grabdenkmales verschleppt sich nicht allein Jahrzehnte lang, sondern schrumpft auch mit jedem neuen Vertrage und jedem neuen Entwurfe mehr zusammen. So die gewöhnliche Meinung. Jetzt behaupten wir, auf die Urkunden gestützt: Nicht der erste Entwurf, — bei der Kürze der Zeit, welche Michelangelo zunächst dem Werke widmen konnte, schwerlich zu greifbarer Gestalt gediehen — sondern der zweite, erst nach dem Tode des Papstes festgestellte, zeigt uns das Grabdenkmal in seiner mächtigsten Form, den Künstler auf seiner grössten Höhe. Die Malerei in der Sixtina aber bedeutet keinen Abfall, sondern vollendet die Reife des Meisters und wirft, da sie dem Entwurfe von 1513 vorangeht, auf die Gestalt, welche das Grabdenkmal in demselben annimmt, ihren Schatten.

Ueber die allgemeine Form des Grabdenkmales lässt uns der Wortlaut des Vertrages vom J. 1513 nicht im Zweifel, keine vollkommene Gewissheit gibt er über die Gegenstände der plastischen Darstellung. Wir sind auf Vermuthungen angewiesen und nehmen an, dass Michelangelo im Laufe der Zeit wohl die Zahl der Statuen verringert, aber den ursprünglichen Inhalt derselben nicht verändert habe. Die im letzten Entwurfe (1542) angeführten Statuen sind Fragmente, aus welchen sich also das Ganze der Schilderung errathen lässt. Nach dem Vertrage vom 20. August 1542 wurden dem Raffaelo da Montelupo fünf Statuen, welche Michelangelo bereits angelegt und begonnen hatte, zur Vollendung übergeben. Sie werden genauer bezeichnet: Eine Madonna mit dem Christkinde auf dem Arme, eine Sibylle, ein Prophet, das beschauliche und das thätige Leben. Ausserdem verpflichtete sich Michelangelo, die eigenhändig gearbeitete Statue des Moses aufzustellen.

Mit der landläufigen Bezeichnung: Allegorie für diese Statuen und für die ebenfalls zum Grabmale Julius II. gehörigen Sclavenfiguren im Louvre und im Garten Boboli ist es nicht gethan. Michelangelo müht sich nicht ab, abstracte Vorstellungen mit lockerem Fleische zu bekleiden und dünnes Blut in dieselben zu giessen, so dass sie äusserlich den Schein persönlichen Lebens gewinnen. Er hat sein Ziel vielmehr darauf gerichtet, ursprünglich fest abgegrenzte historische Gestalten der unmittelbaren Persönlichkeit zu entkleiden, sie zu allgemeinen menschlichen Typen zu erheben. Sie werden von einer einzigen Empfindung, einer einzigen Seelenbewegung durchströmt, welche sich den ganzen Leib unbedingt unterwirft, so dass er dem Ausdruck jener Empfindung und Seelenbewegung ausschliesslich dient. Wir werden in eine Welt eingeführt, die anfangs fremdartig und fast bedrückend auf den Beschauer wirkt, deren elementaren Gewalten aber niemand auf die Dauer widerstehen kann. Ihre Schöpfung ist dem Genius Michelangelo's eigenthümlich. Fragen wir aber, ob diese Gestalten, so mächtig bewegt, und aus dem innersten Kerne ihrer Natur heraus erregt, so herbe und ungeheuerlich in der Erscheinung, dem plastischen Formenkreise ursprünglich angehörten; ob der Meister dieselben ersonnen hätte, auch wenn er ausschliesslich die Sculptur gepflegt und geübt, so wird die Antwort schwerlich zustimmend lauten. So sehr wir auch die Grenzen der plastischen Darstellung für eine Natur erweitern, wie sie Michelangelo besass, immer werden wir glauben, dass der Künstler erst durch einen gewaltsamen Eingriff den Widerstand der spröden Sculptur überwunden hat. In der That wurde auch Michelangelo der Vorwurf nicht erspart, dass er das Maass des plastisch Darstellbaren nicht selten überschritten habe. Niemand wird dagegen bestreiten, dass die Malerei über reichere Mittel verfüge, solche Träume eines Riesengeistes zu verkörpern. Die lebensvolle Farbe verleiht ihnen ein mehr greifbares, sinnliches Dasein, sie mildert, indem sie zu einer auch auf das Einzelne eingehenden Schilderung zwingt, das Schroffe und gestattet leise Uebergänge im Ausdruck wie in den Formen, welche die sonst abstracten Typen dem individuellen und persönlichen Wesen nähern. Das Uebermächtige, Gewaltige empfängt eine menschlichere Fassung, die innerhalb der Grenzen der Plastik vielleicht nicht ganz zulässige Bewegtheit der Linien ihr volles Recht. Lässt sich da der Schluss abweisen, dass ein solcher Gestaltenkreis in der Kunstgattung zuerst ausgeführt wurde, in welcher die Ausführung am natürlichsten und leichtesten erscheint? Wir gewahren ähnliche Figuren, wie sie das päpstliche Grabdenkmal nach dem Programm vom J. 1513 schmücken sollen, auch an der Decke der Sixtinischen Capelle. Die Propheten und Sibyllen begleiten hier die Mittelbilder, die Historien aus dem alten Testamente; an sie schliessen sich dann Gruppen an, welche gewöhnlich als die

Vorfahren Christi bezeichnet werden, die in Wahrheit aber namenlos sind, und zunächst nur dem Drange des Künstlers, eine Empfindung und Seelenstimmung in energischer Weise zum Ausdrucke zu bringen, ihren Ursprung verdanken. Sie gehören demselben Gedankenkreise an, wie das „beschauliche und thätige Leben" am Grabdenkmale, an welchem auch formale Motive, z. B. die auf Würfelsteinen sitzenden Figuren wiederkehren, welche wir an der Decke der Sixtina bemerken. Unbestreitbar ist die Verwandtschaft zwischen den Einzelgestalten und Gruppen in der Sixtina und am Grabmale Julius II. So fest wurzelt diese Vorliebe für diese geheimnissvoll blickenden von einer einzigen gewaltigen Regung belebten Wesen, dass Michelangelo sie noch bei einem dritten Werke festhält. Die Figuren zu beiden Seiten der Medicäersarkophage in S. Lorenzo gehören derselben Ordnung der Gedanken an, wie die Nebenbilder in der Sixtina und der plastische Schmuck des Grabdenkmales. Der Zusammenhang der drei Hauptwerke des Meisters in dieser Beziehung ist unbestreitbar. Es entsteht nur die Frage: wurde die geschilderte Gedankenreihe in Michelangelo geweckt, als er sich mit plastischen Entwürfen beschäftigte und dann erst auf das malerische Gebiet übertragen, oder hat er derselben zuerst in der Malerei Ausdruck geliehen und an derselben auch festgehalten, als er seine längere Zeit unterbrochene Thätigkeit als Bildhauer wieder fortsetzte? Gar manches spricht zu Gunsten der letzteren Voraussetzung: Es schmiegen sich die Gestalten viel enger an den malerischen als an den plastischen Stoff, sie lassen sich in jenem leichter als in diesem verkörpern, drängen sich demnach auch eher dem Maler als dem Bildhauer auf. Die Malerei in der Sixtina geht dem Entwurfe zum Grabdenkmale vom J. 1513 zeitlich voran, war vollendet, ehe Michelangelo wieder Hand an das plastische Werk legte. Die Vergrösserung desselben, die urkundlich beglaubigt ist, bezieht sich höchst wahrscheinlich auf den plastischen Schmuck und nicht auf den architectonischen Theil, der gewiss den Künstler zuerst beschäftigt hat, und dessen Maasse, wenn Condivi nicht falsch berichtet hat, keineswegs 1513 eine Erweiterung erfuhren.[1]) Dass Michelangelo das Werk über die architectonische Grundlage hinaus in dem einen Jahre, an welchem er vor 1513 daran arbeitete, gefördert hatte, dagegen spricht zunächst schon die Kürze der Zeit, dann der Umstand, dass er fast den halben Zeitraum in Carrara zubrachte und der Zustand der behauenen Blöcke, die von Agostino Chigi an sich gerissen und für andere Zwecke verwendet wurden. Lässt man diese Gründe gelten, dann rücken die Malereien in der Sixtina geradezu in den Mittelpunkt der Kunstthätigkeit Michelangelo's, und erweisen sich grundlegend und bestimmend auch für seine Arbeiten auf dem Gebiete der Plastik.

---

[1]) Die Maasse des Denkmales nach dem Entwurfe von 1513 waren: die Frontseite 20 Palmen breit und 14 Palmen hoch; die Langseiten bei gleicher Höhe 35 Palmen breit; nach dem Entwurf von 1516 hat die Fronte „brachia undeci fiorentine vel circa" nach Condivi's Beschreibung sollten die beiden Fronten 12, die Langseiten 18 Ellen besitzen.

4.

An der Hand des an *Fattucci* gerichteten Briefes wollen wir nun auch die Geschichte der Deckengemälde in der Sixtina kennen lernen. Wir verbinden mit jener Epistel noch einige andere theils bei Milanesi, theils bei Gotti abgedruckte Schreiben.

Eine Episode voll dramatischer Wirkung bildet bekanntlich Michelangelo's Flucht aus Rom im Frühlinge 1506. Während wir bis jetzt nur auf die Relationen Vasari's und Condivi's und andere im Greisenalter Michelangelo's niedergeschriebene Berichte angewiesen waren, besitzen wir nun über das Ereigniss gleichzeitige Kunde und diese von Michelangelo's Hand. Am 2. Mai 1506, also nur wenige Tage nach seiner Flucht, richtete er an *Giuliano da San Gallo,* den päpstlichen Baumeister, folgenden[1]) Brief:

„Ich habe aus Euerem Briefe ersehen, dass der „Papst meinen Weggang übel nimmt, und dass Seine „Heiligkeit gewillt sei, nach unserer Verabredung zu „verfahren und dass ich nur zurückkehren und an „nichts zweifeln solle. Was nun meinen Weggang be-„trifft, so ist es wahr, dass ich am Charsamstag den

---

[1]) *Milanesi* CCCXLIII. „Guliano! Jo ò inteso per una vostra „come 'l Papa àuto a male la mia partita, e come sua Santità è per „dipositare e fare quanto fumo d'accordo; e che io torni e non dubiti „di cosa nessuna."

„Della partita mia, egli è vero che io udi dire el Sabato Santo „al Papa, parlando con uno goelliere a tavola e col maestro delle „ceremonie, che non voleva spendere più un baioco nè in pietre

„Papst bei Tische zu einem Goldschmiede und zum
„Ceremonienmeister sagen hörte: Er wolle keinen
„Pfennig mehr hergeben, nicht für grosse und nicht
„für kleine Steine. Ich wunderte mich darüber nicht
„wenig. Doch ehe ich mich entfernte, verlangte ich
„einen Theil der Gelder, deren ich bedurfte, um das
„Werk fortzusetzen. Seine Heiligkeit beschied mich
„auf den Montag. Und so kam ich denn Montag, und
„kam Dienstag, Mittwoch und Donnerstag, und er
„sah mich immer und zuletzt am Freitag Morgen wurde
„ich herausgeschickt, also weggejagt. Und der mich
„herausschickte, sagte, dass er mich wohl kenne, dass
„er aber dazu den Befehl hätte. Darüber, was ich
„am Sonnabend gehört hatte, und wie ich jetzt die
„Wirkungen davon sah, gerieth ich schier in Ver-
„zweiflung. Doch war dieses nicht die einzige Ur-
„sache meines Wegganges. Mich vertrieb noch etwas
„anderes, was ich aber nicht schreiben will. Genug

„picole nè in grosse: ond'io ne presi amirazione assai: pure inanzi
„che io mi partissi, gli domandai parte del bisognio mio per seguire
„l'opera. La sua Santità mi rispose, ch'io tornassi lunedì: et vi
„tornai lunedì e martedì e mercoledì e giovedì; come quella vide.
„All' ultimo el venerdì mattina io fui mandato fuora, ciò è cacciato
„via; e quel tale che me ne mandò, disse che mi conoscieva, ma
„che aveva tal commissione. Ond' io avendo udito il detto sabato
„le dette parole, e veggendo poi l'effetto, ne venni in gran dispe-
„razione. Ma questo solo non fu cagione interamente della mia
„partita; ma fu pure altra cosa, la quale non voglio scrivere; basta
„ch' ella mi fè pensare s'i' stavo a Roma, che fussi fatta prima la
„sepultura mia, che quella del Papa." Im weiteren Verlauf des
Briefes macht Michelangelo den Vorschlag, das Grabmal in Florenz
fertig zu arbeiten.

„dass ich glauben musste, bliebe ich länger in Rom,
„so würde eher noch mein Grab fertig, als das des
„Papstes."

Was war wohl „dieses andere", was ihn zur Flucht
aus Rom bewog? Wir besitzen aus diesen Tagen einen
an Michelangelo gerichteten Brief, der darüber vielleicht
Auskunft ertheilt. Er rührt von dem nahe befreundeten Maurermeister *Pietro Rosselli* her und ist von *Gotti*
(I. 46) publicirt worden. Diesem Pietro Rosselli werden wir noch einmal in Michelangelo's Leben begeg-
nen. Ihm hatte der Meister zwei Jahre später die
Bewerfung und Zurüstung der Sixtinischen Decke zur
Aufnahme der Fresken (die scialbatura e arricciatura)
übertragen. Von seinen engen Beziehungen zu Michelangelo und seiner Ergebenheit gibt auch der Brief
vom 10. Mai Zeugniss.

Die Vermittlung, um welche Michelangelo den
päpstlichen Baumeister Giuliano da San Gallo in seinem
Briefe vom 2. Mai angesprochen hatte, war von diesem
in der That durchgeführt worden. Er hatte den Papst
begütigt und rüstete sich, Michelangelo von Florenz
abzuholen. Dieses theilte Julius II. dem Bramante
mit, in Gegenwart Rosselli's, welche beide zu dem
Papste beschieden waren, ihm Zeichnungen vorzulegen.
Ueber den weiteren Erfolg der Unterredung mag
Rosselli selbst sprechen. „Bramante antwortete dem
„Papste: Heiliger Vater, Michelangelo wird nicht zu-

---

¹) „(El Papa) mandò per Bramante e dissegli: El Sangallo va
domatina a Firenze e rimenerà in sùe Michelagnolo. Rispose Bramante al Papa e disse: Santo Padre, e' non ne farà nulla, perchè

„rückkehren. Ich kenne ihn gut genug; er hat mir
„oft gesagt, dass er mit der Kapelle nichts zu thun
„haben wolle und dass Ihr ihn gerade dort zu be-
„schäftigen gesonnen seid; er aber wolle Euch dienen
„bei dem Grabdenkmale und nicht in der Malerei.
„Und Bramante sagte ferner: Heiliger Vater, ich glaube,
„er hat keinen Muth, denn er hat noch nicht viele Fi-
„guren gemalt und besonders Figuren an der Decke und
„in der Verkürzung. Das ist aber ein ganz anderes Ding
„als die Malerei auf ebenem Boden. Da antwortete der
„Papst: Wenn er nicht käme, thäte er mir einen Schimpf
„an, und darum wird er jedenfalls kommen. Nun hielt
„ich aber nicht länger zurück. Ich trat vor und fuhr
„ihn in Gegenwart des Papstes grob an. Ich sprach,
„wie Ihr für mich gesprochen haben würdet, so dass er
„nicht wusste, was zu antworten und sich entschuldigte.
„Und ich sagte überdiess: Heiliger Vater, er hat nie
„mit Michelangelo verkehrt und wenn etwas von dem
„was er soeben gesagt hat, wahr ist, so möget Ihr

---

io òne pratico Michelagnolo assai e àmmi detto più e più volte nonne volere attendere alla capella; e che voi gli volevi dare cotesto carico; e che per tanto voi non volevi attendere se non a la sepoltura e non alla pittura. E disse: Padre Santo, io credo che a lui non li basti l'animo perchè lui non ha fatto troppo di figure, e massimo le figure sono alte e in iscorcio: ed òne altra cosa che a dipingere in terra. Allora rispose el Papa e disse: Se lui non viene, e' mi fà torto, perchè io credo tornerà a ogni modo.

„Allotta io mi iscopersi e dissigli una villania grandissima, pre-
„sente el Papa; e dissigli quello credo aresti detto voi per me; e
„per tanto non seppe quello si rispondere, e parvegli avere mal
„detto. E dissi pure oltre: Santo Padre, lui non parlò mai a Michel-
„agnolo, e di quello v' àne detto ora, se gli è vero, voglio mi

„mir den Kopf abhauen lassen, denn er hat nie mit
„Michelangelo gesprochen und ich glaube, dass dieser
„jedenfalls zurückkehren wird, sobald es Eurer Heilig-
„keit gefällt. Somit endete die Sache."

Wie ganz anders, einfach und natürlich stellt sich
nach beiden Briefen, jenem Rosselli's und dem an Giuliano da San Gallo gerichteten das Ereigniss der Flucht
Michelangelo's aus Rom dar. In viel späteren Jahren
umrankte die Legende den historischen Kern so dicht,
dass derselbe fast ganz verdeckt blieb. Da liebte man
es, die Kühnheit des Künstlers zu betonen, und wie
dieser doch eigentlich dem Kirchenfürsten ebenbürtig
gegenüberstand, mit Stolz hervorzuheben. Wir hören
von fünf Courieren, die ihm Julius II. schleunigst nach-
sendete, und die ihn merkwürdiger Weise alle fünf
erst jenseits der Grenze in Poggibonsi zur selben
Stunde erreichten, und von drei päpstlichen Breven,
welche ihn zur Rückkehr mahnten. Sein Gehen oder
Bleiben bauscht sich zu einer Haupt- und Staatsaction
auf, bildet den Gegenstand der Verhandlungen zwischen dem Papste und dem Gonfaloniere, welcher in
Michelangelo's Weigerung der Rückkehr eine Gefahr für
Florenz fürchtete. „Wir wollen deinetwillen keinen
Krieg mit dem Papste anfangen", lässt ihn Condivi
sagen. Nichts von alledem in den Briefen, die unter
dem unmittelbaren Eindrucke der Ereignisse geschrieben sind und allein als glaubwürdige Quellen erschei-

---

„mozziate el capo, che lui non gli parlò mai a Michelagnolo; e credo
„che lui tornerà a ogni modo, quando la vostra Santità vorrá. E
„qui finì le cose."

nen. Durch einen Kunstgenossen erfährt Michelangelo den Zorn des Papstes, und empfängt die Aufforderung zur Rückkehr. Giuliano da S. Gallo hat die Absicht, ihn in Florenz abzuholen und nach Rom zurückzubringen. Die Umstände, welche die Ausführung dieses Planes vereitelten, Michelangelo's Aufenthalt in Florenz bis zum Spätherbst verlängerten, sind nicht bekannt. Jedenfalls verliefen aber die ersten Tage und Wochen nach seiner Flucht nicht so dramatisch bewegt, wie die mythenbildende Phantasie vier Jahrzehnte später sie ausmalte.

Nun aber das Wichtigste: Bereits 1506 bestand der Plan, die Ausmalung der Decke in der Sixtinischen Capelle Michelangelo zu übergeben. Bramante spricht davon in der Unterredung mit dem Papste als von einer bekannten Sache und wird von Rosselli nur Lügen gestraft, weil er eine nähere Bekanntschaft mit Michelangelo und die Unlust des Künstlers zur Rückkehr behauptet. Und was den letzteren Punkt betrifft, so erscheint es fraglich, ob Rosselli nicht besonders dadurch als Freund Michelangelo's in Harnisch gebracht wurde, dass Bramante den von Michelangelo selbst verheimlichten Grund seines Wegganges in schroffer Weise enthüllte. Hier finden wir den feindlichen Gegensatz zwischen Michelangelo und Bramante zum ersten Male erwähnt und entdecken die Wurzel, welcher alle späteren Erzählungen Condivi's und Vasari's von dem Zwiespalte zwischen den beiden Künstlern entstammen. Wir legen aber gleichzeitig auch den Finger auf die Entstellungen, welche falsche Pietät und Eifersucht der Schüler auf den Ruhm des Meisters sich im Laufe späterer Jahre erlaubte [1]). Von einer Einwirkung Bramante's auf den Papst, um diesen von der Ausführung des Grabmales abzubringen, ist in den Briefen keine Rede. Und wenn nachmals behauptet wurde, Bramante hätte Michelangelo eine Falle legen wollen, indem er ihn dem Papste für die Malereien in der Sixtina empfahl, so müssen wir nach dem Wortlaute der Urkunden jetzt sagen: Ungeschickter und täppischer konnte Bramante die Sache nicht anfangen. Er will aus Neid gegen den Bildhauer den Papst bewegen, dass der den Künstler in einem wie er insgeheim wusste, diesem fremden Fache beschäftige und betont laut vor dem Papste die Unzulänglichkeit des Mannes, verringert seine Leistungskraft! Vollends aus dem Wege geräumt erscheint endlich das weitere Motiv, welches spätere Schriftsteller, Zeiten und Dinge

---

[1]) Nach Condivi's Bericht (c. XXV, XXXIII und XXXVIII) fürchtete Bramante Michelangelo's Kritik des Petersbaues und lag in dieser Furcht das Motiv seiner feindseligen Gesinnung. Seltsam, dass er glauben konnte, durch gehässige Reden seinerseits den Gegner zum Schweigen zu bringen. Michelangelo warf ihm vor, dass er die Mauern von schlechtem Material herstelle und auch nicht fest und sicher genug im Vergleich zu ihrer Höhe und Dicke; sodann dass er beim Niederreissen des alten S. Petersdomes die schönen Säulen zu Boden geworfen hätte, welche im Schiffe aufgestellt waren, unbekümmert, dass sie in Stücke gingen. *Geymüller* hat (Zeitschr. f. b. K. 1875 S. 252) gezeigt, dass der letztere Vorwurf ganz unbegründet war. Die Gegenüberstellung Michelangelo's und Bramante's vor dem Papste bei Condivi erinnert an die von Rosselli erzählte Scene. Es mag Condivi vielleicht von dieser gehört und sie dann nach seiner Tendenz arrangirt haben.

verwirrend dem Bramante unterschoben, der Wunsch, Rafael an Michelangelo's Stelle emporzubringen. Im Jahre 1506 wussten nur wenige um Raphael, der in Florenz weilte, und seine ganze Kraft anspannte, sich aus der engen Gedanken- und Formenwelt seines Lehrers und seiner ersten Schule herauszulösen. Fest steht nur die Thatsache: Michelangelo war bereits in den ersten Jahren seines römischen Aufenthaltes als Maler der Decke in der Sixtinischen Capelle ausersehen.

5.

Verfolgen wir nun weiter das Schicksal der Malereien in der Sixtina. Zunächst blieb dieser Plan eben so still ruhen wie die Entwürfe zum Grabmale. Julius II. zog im August 1506 nach dem Norden, um sich Bologna zu unterwerfen. Am 11. November durchschritt er triumphirend die ihm nach der Flucht Bentivoglio's freiwillig geöffneten Thore. Ihm folgte wenige Wochen später Michelangelo.[1]) Die Arbeit,

---

[1]) Der Geleitbrief Soderini's (Gaye II. 91) ist vom 27. November 1506 datirt, der erste uns erhaltene Brief Michelangelo's aus Bologna an seinen Bruder Buonarroto trägt das Datum 19. Dec. 1506. Lange konnte Michelangelo, als er den Brief schrieb, nicht in Bologna anwesend sein, denn er lebt noch in provisorischen Zuständen, schläft zu vieren in einem Bette in einer schlechten Stube. Dass der Gonfaloniere in seinem Geleitsbriefe Michelangelo's Arbeit am Schlachtcarton und den 12 Apostelstatuen, als wäre der Künstler gegenwärtig an denselben beschäftigt, erwähnt, ist auffallend. Hatte Michelangelo diese Werke nach seiner Flucht aus Rom wieder in Angriff genommen? Wir wissen aus dem Briefe an Giuliano da S. Gallo von seinem Vorhaben, sich in Florenz niederzulassen.

welche zu seiner Berufung nach Bologna Anlass gegeben, statt dass ihm die Rückkehr nach Rom wäre befohlen worden, begann er gleich nach seiner Ankunft. Der Papst, veränderlich in seiner Kunstliebe, gab ihm seine Erzstatue in Auftrag, die über dem Eingange zur Kirche des h. Petronius aufgestellt werden sollte. Da Michelangelo der Gusstechnik unkundig war, so musste er diesen Theil des Werkes einem andern überlassen. Der aus Florenz herbeigeholte Gussmeister Bernardino d'Antonio, ein Lombarde, war aber trotz seiner grösseren Erfahrung nicht glücklicher in dem Unternehmen. Michelangelo hatte am 6. Juli 1507 seinem Bruder Buonarroto zu melden, der Guss wäre misslungen, die Statue durch die „ignoranza oder disgrazia" Bernardino's nur bis zur Hüfte herausgekommen. So musste das Werk wiederholt werden. Der zweite Guss gelang besser, doch verlangte die Reinigung und Vollendung der Statue noch so viel Zeit und Arbeit, dass sie erst im Februar 1508 auf ihren Standort gebracht werden konnte. So lange verweilte auch Michelangelo auf Befehl des Papstes in Bologna. Seine Hände waren diese ganzen fünfzehn Monate über (Michelangelo rechnet in Pausch und Bogen 2 Jahre von der Flucht aus Rom bis zur Rückkehr dahin) schwerlich viel mit anderen Dingen beschäftigt, als mit der Papststatue. Tag und Nacht, schreibt er seinem Bruder, arbeite er an dem Werke, so dass er kaum noch die Mühseligkeiten ertrage. Seine Gedanken aber hafteten gewiss nicht ausschliesslich an der Gegenwart. Die Verbindung mit Rom hält er aufrecht; schon im Juli 1507 sendet er einen Brief an Giuliano da San Gallo und lässt in den nächsten Monaten noch weitere Schreiben folgen. Im December 1507 bittet er seinen Bruder Buonarroto, einen an den Cardinal von Pavia gerichteten Brief, der sehr wichtig sei, nach Rom zu befördern und benutzt die Vermittlung des Bruders zu gleichem Zwecke noch im Februar 1508. Da alle diese Briefe verloren gingen, so erscheint jede Vermuthung über ihren Inhalt müssig. Nur den einen Umstand müssen wir bemerken, dass es der Cardinal von Pavia war, mit welchem Michelangelo im Mai 1508 den Vertrag über die Malereien in der Sixtina abschloss.

Derselbe kurze eigenhändige Vermerk, aus dem wir diese Nachricht schöpfen, belehrt uns auch über den Anfang der Arbeit in der Sixtina und die erste Abschlagszahlung, welche er empfing. Am 10. Mai 1508 begann Michelangelo das Werk, am gleichen Tage wurde ihm das erste Honorar im Betrage von 500 Ducaten — der sechste Theil des Gesammthonorars überwiesen. Aus dem Briefe an Fattucci erfahren wir zu unserem Staunen, dass es sich nach dem ersten Entwurfe um ein wesentlich decoratives Werk handelte, der figürliche Theil der Malerei auf die zwölf Apostelbilder beschränkt bleiben sollte. Man sieht, die Schilderungen sind so knapp und kurz als möglich gehalten. Was später die berühmten Teppiche Rafaels, an den unteren Wandtheilen aneinander gereiht, in breiten Zügen und in höchst gespannten dramatischen Tone aus der Apostelgeschichte erzählten, das wird nur flüchtig dadurch angedeutet, dass die einzelnen Apostel vor das Auge gebracht werden; die Vorgeschichte der Erlösung in den Zeiten der Urväter, Patriarchen und Propheten fällt ganz aus. Die Gegenüberstellung Moses und Christi auf den Wandgemälden aus dem fünfzehnten Jahrhunderte genügte vorläufig, den Zusammenhang zwischen dem alten und neuen Testamente festzustellen und die Lehre zu verkündigen, dass in den Rettungen des israelitischen Volkes die Erlösung der Menschheit vorbildlich geschaut werde.

Die grossartige Erweiterung des Bilderkreises ist aus Michelangelo's freiem Entschlusse hervorgegangen. Wir bewundern aber nicht minder als den Schwung seiner Phantasie und die Mächtigkeit der Formen, den weisen Verstand, welcher die nachträglich ersonnenen Bilder den bereits geschaffenen so organisch einordnet, dass sie eine geschlossene Einheit bilden und niemand die allmälige Entstehung bemerkt.[1]

---

[1] Die Vergleichung des an Fattucci gerichteten Briefes mit der Erzählung bei Condivi (c. XXXVIII) gestattet uns einen guten Einblick in die Quellenbenützung Condivi's. Michelangelo warf die Armuth der Apostel als Scherzwort hin, um die Aermlichkeit der Malerei, die nur die 12 Apostelbilder bringen sollte, zu schildern. Bei Condivi bekommt das Scherzwort einen moralisirenden Beigeschmack. Papst Julius verlangt noch eine Retouche der Figuren mit Gold, und als der Künstler sich dessen weigert, meint der Papst, es werde sich sonst die Malerei ärmlich machen. „Die da aufgemalt sind", antwortete Michelangelo, „waren auch ärmlich." Offenbar hatte Condivi von Michelangelo's Aeusserung eine dunkle Ahnung und legte sich jene so gut er konnte zurecht. Condivi erfindet nicht vollständig, fasst aber die Dinge meistens falsch auf.

Von dem thätigen Eifer, mit welchem Michelangelo alsbald an das Werk schritt, legen der Vertrag mit Pietro Rosselli schon am 11. Mai 1508, den Kalkbewurf der Decke betreffend, der Ankauf von Farben in Florenz auf seine Rechnung — bei den Gesuatenmönchen bestellt er Azurfarben, Francesco Granacci oder irgend ein anderer Maler soll ihm eine Unze Lack kaufen — und die Berufung von fünf erfahrenen Gehilfen aus Florenz Zeugniss ab. Doch erlahmte gar bald der Eifer und stockte das Werk. An seinen Vater richtete er einen Klagebrief (Milanesi x.), in welchem es heisst: „Auch ich habe den Kopf ganz „voll. Denn es ist schon ein Jahr her, dass ich vom „Papst auch nicht einen Groschen erhalten habe und „fordere auch nichts, weil meine Arbeit nicht so weit vorangeht, dass sie Bezahlung zu verdienen scheint; „daran trägt die Schwierigkeit der Arbeit die Schuld „und dann dass sie nicht mein Beruf ist. So verliere „ich nur meine Zeit ohne Nutzen. Gott helfe mir."[1]) Der Brief ist vom 27. Januar datirt; als das Jahr wird 1509 vermuthet. Damit stimmt nun freilich nicht, dass Michelangelo sich beklagt, bereits ein Jahr lang vom Papste ohne Bezahlung gelassen zu sein, da er erst vor sieben Monaten 500 Ducaten empfing. Auf

---

[1]) „Io ancora sono in fantasia grande, perchè è già uno anno che io non ò avuto uno grosso da questo Papa, e none chiego, perchè el lavoro mio non va inanzi i' modo che a me ne paia meritare. E questa è la difficoltà del lavoro e ancora el non esser mia professione. E pur perdo el tempo mio sanza frutto. Idio m' aiuti."

der anderen Seite kann aber nicht füglich ein späteres Jahr angenommen werden. Es ist nicht unmöglich, dass Michelangelo seine eigene Geldnoth übertrieb, um den steten Geldforderungen seiner Familie auszuweichen, seine Behauptung also nicht wörtlich genommen zu werden braucht. Wir begreifen den langsamen Fortgang der Arbeit und finden eine ausreichende Erklärung dafür in der Erweiterung des Bilderkreises, in der Entzweiung Michelangelo's mit seinen florentiner Gehülfen [1]) und der nur langsamen technischen Einübung des Meisters. Um so wunderbarer erscheint die Vollendung des Werkes in der gewöhnlich angegebenen kurzen Frist von zwanzig Monaten, die auf einen noch kleineren Zeitraum zusammenschmilzt, wenn man trotz dem späten Anfange des Werkes — im Januar 1509 war er noch kaum nennenswerth — den Schluss desselben bereits auf den Allerheiligentag 1509 ansetzt.

In Michelangelo's Briefen wird die Malerei in der Sixtina noch öfter erwähnt. Ein leider undatirter Brief an seinen Vater (Milanesi XII) enthält folgende Stelle: „Ich werde dorthin (nach Florenz) jedenfalls „kommen, sobald ich hier meine Malerei vollendet

---

[1]) Diese Entzweiung wird durch den Brief Michelangelo's an seinen Bruder Buonarroto v. 27. Januar 1509 (Milanesi X) urkundlich erhärtet, wenigstens in Bezug auf einen der fünf Gehülfen, welche er angenommen hatte, den Jacopo detto l' Indaco, einen Schüler Domenico Ghirlandajo's, über dessen persönliche Beziehungen zu Michelangelo Näheres bei Vasari (ed. Lemonnier VI. 133) nachgelesen werden kann. Auch Vasari weiss von einer Entzweiung, legt ihr aber einen verunglückten Spass als Grund unter.

„habe, was in zwei bis drei Monaten geschehen wird."[1]) Ebenfalls einem undatirten Briefe (Milanesi XIII), der aber bald nach dem soeben erwähnten geschrieben sein muss, entlehnen wir fast gleichlautende Worte: „Ich denke hier in zwei Monaten fertig zu sein und gehe dann dorthin."[2]) In einem dritten, leider auch undatirten Briefe (Milanesi XV) kündigt er dem Vater die Vollendung der Arbeit an. „Ich habe die Capelle vollendet, welche ich gemalt habe und der Papst war sehr zufrieden. Andere Dinge gelingen mir nicht so gut als ich hoffte. Ich klage die Zeitläufte an, die unserer Kunst gar abhold sind. Diese Allerheiligen werde ich nicht dorthin kommen, weil ich nicht habe, was ich brauche, um das zu schaffen, was ich schaffen will. Auch ist noch nicht Zeit dazu."[3])

Alle diese Briefe verlegt Milanesi in das Jahr 1509 und thut dasselbe auch mit dem folgenden (Milanesi LXXXI) an den Bruder Buonarroto gerichteten Schreiben, in welchem es in Bezug auf die Deckenbilder in der Sixtina heisst: „Ich befinde mich wie gewöhnlich; werde

---

[1]) „Io verrò costà a ogni modo come ò finito qua la mia pittura, che sara infra dua o tre mesi."

[2]) Io stimo aver finito qua infra dua mesi e poi verrò o tornerò costà." Die von Michelangelo aufgestellte Alternative des „Kommens oder Zurückkehrens" nach Florenz ist nicht klar.

[3]) „Io ò finita la capella che io dipignievo: el Pape resta assai ben sodisfatto: e l'altre cose non mi riescono a me come stimavo; incolpone e' tempi che sono molto contrari all' arte nostra. Io non verrò costà questo Ogni Santi, perchè non ò quello che bisognia a far quello che voglio fare e ancora non è tempo da ciò."

meine Malerei zu Ende nächster Woche vollendet haben, nemlich den Theil, den ich angefangen; und sobald ich sie enthüllt habe, denke ich Geld zu bekommen und werde mich beeilen, einen Urlaub von einem Monat für dort zu erhalten." [1]) Die einzige Zahlung nach der ersten am 10. Mai 1508 geleisteten, von welcher Michelangelo seitdem Kunde gibt, fällt aber erst in den Herbst 1510. In einem ausnahmsweise datirten Briefe vom 26. October 1510 (Milanesi LXXXII) meldet er seinem Bruder: „Ich erhielt gestern 500 Ducaten vom Datarius des Paptes." [2]) Kein Zweifel, dass diese Anzahlung sich auf Michelangelo's Arbeit in der Sixtina bezieht. Mit Sehnsucht hatte sie der Künstler erwartet. Denn er befand sich in diesen Herbsttagen 1510 abermals in einer schlimmen Lage. Julius II. hatte bereits im August Rom verlassen, um seinen grossen Plan in das Werk zu setzen, die Franzosen aus Italien zu verjagen, dieses zu befreien. Er befand sich abermals in Bologna, der arme Michelangelo aber war in Rom ohne Geld und ohne Anweisungen zurückgeblieben. Bitter beklagte er in zwei Briefen (Milanesi XX und XXI) vom 5. und 7. September 1510 an seinen Vater seine Lage. „Ich habe „beim Papste noch 500 Ducaten zu Gute und eben

---

1) „Io mi sto qua all' usato e àrò finita la mia pittura per tutta quest' altra settimana, ciò è la parte che io cominciai; e com' io l'ò scoperta, credo che io àrò danari e ancora m'ingiegnierò d'aver licenza per costà per un mese."

2) „Io ebbi ieri cinque ciento ducati d'oro di camera dal Datario del Papa."

„soviel muss er mir geben, um das Gerüste aufzu-
„zuschlagen und die andere Hälfte meiner Arbeit fort-
„zusetzen. Nun ist er abgereist und hat keinen Auf-
„trag zurückgelassen."¹) Aus dem Briefe vom 26. October haben wir ersehen, dass seine Geldnoth bald ein Ende erreichte, und ihm vom Datarius 500 Ducaten ausbezahlt wurden. Doch fand es Michelangelo, wie der Brief an Fattucci beweist, angemessen, sich selbst nach Bologna zu begeben und die weiteren Geldforderungen persönlich zu betreiben. Die Dauer seines Aufenthaltes in Bologna lässt sich nicht genau bestimmen; lange kann er nicht gewährt haben, da er am 15. Januar 1511 bereits wieder aus Rom an seinen Bruder (Milanesi LXXXV) schreibt. Nach seiner Rückkehr ging Michelangelo, wie wir aus dem Briefe an Fattucci weiter erfahren, daran, Cartons für die Malerei in der Sixtina zu schaffen. Für welchen Raum in der Capelle? „Die Wölbung war beinahe fertig;" die Cartons können also nicht für dieselbe bestimmt gewesen sein. Michelangelo hebt jeden Zweifel, indem er hinzufügt, „nemlich für die Schmalseiten und Langseiten rings um die Capelle." Vasari scheint die nähere Erläuterung dazu zu geben. Er versichert, dass Papst Julius die Wandbilder herunterschlagen lassen

---

¹) „Avisovi come io resto avere qua dal Papa ducati cinquecento guadagnati e altrettanta me ne doveva dare per fare el ponte e seguitare l'altra parte dell' opera mia. E lui s'è partito di qua e non m'à lasciato ordine nessuno." Michelangelo hat Lust zu einer Reise nach Florenz, fürchtet aber, wenn er Rom ohne Erlaubniss des Papstes verlässt, die Ungnade desselben.

wollte, welche frühere Meister zur Zeit des Papstes Sixtus gemalt und erzählt an einer anderen Stelle, Michelangelo habe die Entwürfe und Zeichnungen für das jüngste Gericht schon viele Jahre vorher gefertigt.¹) Was die letzten Worte bedeuten, erfahren wir wieder besser aus Condivi (cap.LI). Michelangelo hat den Carton zu dem jüngsten Gerichte, welches Werk er erst unter Paul III. 1541 ausführte, bereits unter Clemens VII. gezeichnet. Diese Entwürfe haben also mit der Fortsetzung der Malerei in der Sixtina 1511 nichts zu schaffen, zumal die letztere als „ringsum" gehend beschrieben wird. Dem bekannten durchfahrenden Sinne des Papstes hätte es an sich keine Ueberwindung gekostet, ältere Bilder zu Gunsten neuer ihm mehr zusagender von der Mauer herunterschlagen zu lassen. In den Stanzen wurde ja in dieser Weise vorgegangen. Da aber die älteren Wandbilder bis zu dieser Stunde sich erhalten haben, so liegt nichts näher, als der Schluss, dass der Papst seine Absicht aufgab, Michelangelo seine Arbeit schon im Herbste 1510 abschloss, kein weiteres Bild mehr in Angriff nahm. So naheliegend, eben so falsch wären aber diese Schlüsse. Wir besitzen aus dem Jahre 1512 mehrere sicher datirte Briefe — der Adressat, Michelangelo's Bruder, merkte

---

¹) Vasari ed. Lemonnier XII. p. 189. „Volse il papa che si guastassi le facciate che avevano già dipinto al tempo di Sisto i maestri innanzi di lui." Die Summe von 15,000 Ducaten, die Vasari als Honorar angibt, wird in dieser Höhe nirgends sonst genannt. Wahrscheinlich liegt eine Verwechslung mit dem Grabdenkmale zu Grunde.

den Empfangstag auf denselben an — aus welchen hervorgeht, dass Michelangelo noch im Herbste 1512 in der Sixtina thätig war.

Am 24. Juli 1512 kündigt er seinen Besuch in Florenz an (Milanesi LXXXVII) und fügt hinzu: „Ich plage mich mehr als sich jemals ein Mensch geplagt hat, bin auch leidend, doch habe ich Geduld, um nur zu dem erwünschten Ende zu kommen." [1])

Deutlicher spricht sich Michelangelo in dem Briefe vom 21. August (Milanesi LXXXIX) aus: „Ich kann „nicht kommen, bis ich mein Werk vollendet habe, „was, wie ich glaube, am Ende September geschehen „dürfte, aber es ist ein so grosses Stück Arbeit, dass „ich den Schluss nicht auf vierzehn Tage vorher be-„zeichnen kann. Jedenfalls komme ich vor Aller-„heiligen, wenn ich nicht bis dahin gestorben bin." [2]) Die Zusage, zu Allerheiligen nach Florenz sich aufzumachen, wiederholt er in dem Briefe vom 18. September (Milanesi XCI), doch ist auch jetzt das Werk noch nicht vollendet. [3]) „Ich habe keinen Groschen und „bin bloss und nackt, denn ich kann den Rest der „Gelder nicht bekommen, bis ich die Arbeit zu Ende

---

[1]) „Io stento più che uomo che fussi mai; mal sano e con grandissima fatica; e pure ò pazienza per venire al fine desiderato."

[2]) „Del mio tornare costà, io non posso tornare, se io non finisco l'opera, la quale stimo finire per tutto settembre; vero è che è sì gran lavoro, che io non mi so aporre a quindici dì. Basta che nanzi Ognisanti sarò costà a ogni modo, se io non muòio in questo mezo."

[3]) „Non ò un grosso e sono si può dire scalzo e gnudo e non posso avere el mio resto, se io non ò finita l'opera."

„geführt." Dass er sein Vorhaben nicht ausführen konnte, die Reise nach Florenz unterliess, sagt uns der an den Vater gerichtete Brief, welchen Milanesi (xv) in das Jahr 1509 setzt, der aber folgerichtig in den October 1512 eingestellt werden muss.

Erst gegen Allerheiligen 1512 wurden demnach die Malereien in der Sixtina abgeschlossen, die auf den „teste e faccie" beabsichtigten Bilder ebenfalls noch ausgeführt. Condivi nennt in seiner Beschreibung der Sixtinischen Decke (cap. xxxiv) den Propheten Jonas „posto nella testa delle volta." Vasari spricht von der Gliederung der Seiten der Decke durch Tragsteine „sei per banda e uno nel mezzo delle facce de pié e de capo", auf welchen die Propheten und Sibyllen angebracht sind.[1]) Diese Angaben klären uns über die räumliche Anordnung der Bilder an den Schmal- und Langseiten rings um die Capelle auf. Michelangelo versteht unter denselben die Gruppen und Einzelfiguren, zunächst die Propheten und Sibyllen, welche die Mittelbilder begleiten, theilweise bis an die Fenster herabreichen und in der That schon zu den Seiten der Capelle gerechnet werden können. Die Gemälde am Gewölbe schränkt er in seinen Briefen auf die neun Mittelbilder ein, welche dem Auge horizontal gespannt erscheinen und allerdings in einem räumlichen Gegensatze zu den vertical gedachten Seitengruppen und Seitenfiguren stehen.

---

1) Vasari ed. Lemonnie XII. 193.

Die Briefe Michelangelo's, die einzige mit den Ereignissen gleichzeitige Quelle, führen zu folgenden Resultaten. Nirgend ist von der Vollendung der Bilder in der Sixtina im Herbste 1509, von ihrer Enthüllung am Tage Allerheiligen 1509 die Rede. Der letztere Tag wird wohl erwähnt, und in seine Nähe fällt auch die Vollendung des Werkes, aber erst 1512. Es ergibt sich ferner, dass bis zum Beginn des Jahres 1509 die Malerei in der Sixtina keinen erheblichen Fortschritt gemacht hatte, dass im Herbste 1510 die Wölbung, d. h. die Mittelbilder beinahe fertig gemalt waren, dass nach der Rückkehr Michelangelo's aus Bologna im Winter 1510—11 auch die seitlichen Bilder in Angriff genommen wurden, und endlich, dass das ganze Werk erst im October 1512 den Abschluss fand. Alle Angaben Condivi's und Vasari's, die diesen durch Michelangelo's Briefe festgestellten Thatsachen widersprechen, müssen als Irrthümer zurückgewiesen werden. Sie fanden leider nur zu lange unbedingten Glauben.

6.

Die Deckenbilder der Sixtina wurden zur hohen Schule für Rafael. So lautet das allgemeine Urtheil, das sich auf die Aussprüche Michelangelo's und seiner Zeitgenossen stützt. „Was Rafael von der Kunst wusste, wusste er durch mich", heisst es in der oft citirten Denkschrift vom J. 1542,[1] die wir freilich

---

[1] „(Raffaelo) ciò che aveva dell' arte, l'aveva da me."

nicht mehr in der ursprünglichen Form besitzen. In derselben Tonart spielen natürlich Condivi und Vasari auf. „Rafael, der mit der grössten Leichtigkeit fremde Manieren annahm, änderte, sobald er die Bilder gesehen hatte, die seinige." [1]) Glaubwürdig erschienen diese Aeusserungen allen, die bisher das Verhältniss der beiden Meister zu einander erörtert haben, obgleich bei scharfem Zusehen die Verwandtschaft und Gleichartigkeit sich darauf einschränkt, dass Rafael auch einmal Propheten und Sibyllen darstellt. In dem Farbenauftrag und den Grundlagen des Colorits, in der Zeichnung der Gewänder, in dem Ausdruck der Köpfe, in der Wahl der Typen wird man schwerlich das unmittelbare Vorbild Michelangelo's entdecken. Wie sollte man sich aber dem Glauben an die Richtigkeit jener Behauptungen entziehen, da man für sie das Zeugniss Papst Julius II. und ein Schriftstück von ganz anderem Gewichte anrufen kann, als die vielleicht durch Eifersucht und falsche Pietät gefärbten Sätze Condivi's und Vasari's?

Das Gerede von Rafael's Abhängigkeit geht wesentlich auf den Brief zurück, welchen Sebastian del Piombo, der bekannte aus Venedig nach Rom zugewanderte Maler an Michelangelo gerichtet hatte, und der zuerst in Gaye's Carteggio (II. 487) unter dem Titel: Giulio II.,

---

[1]) „Raffaelo, che era molto eccellente in imitare, vistola (nemlich die Decke in der Sixtina) mutò subitò maniera e fece a un tratto, per mostrar la virtù sua, i Profeti e le Sibylle dell' opera della Pace." Vasari a. a. O. p. 191.

Raffaelo, Michelangelo publicirt wurde. Er führt daselbst das Datum: Rom 15. October 1512. An diesem Datum wurde unverbrüchlich festgehalten, aus demselben weitgehende Schlüsse gezogen. Es ist richtig: ein Urtheil über Rafael von Julius II. gefällt, zu einer Zeit verbreitet, in welcher der Künstler noch lebte, sich vertheidigen, den Irrthum aufdecken konnte, besitzt ein nicht geringes Ansehen. Dieses Ansehen ist aber durchaus erborgt. Mit aller Schärfe und Sicherheit, welche in historischen Dingen überhaupt zu erreichen ist, kann bewiesen werden, dass der Brief Sebastian del Piombo's nicht zu Lebzeiten Rafael's, sondern erst nach seinem Tode, nicht im Jahre 1512, sondern im Jahre 1520 geschrieben wurde.

Die Wiedergabe seines Wortlautes erscheint nicht überflüssig. Er ist nach der trefflichen Uebersetzung Guhl's (Künstlerbriefe I. 316) folgender:

„Mein liebster Gevatter! Wundert Euch nicht, dass „ich Euch seit vielen Tagen nicht geschrieben, noch „auf Euren letzten Brief geantwortet habe. Denn ich „bin viele Tage im Palaste gewesen, um S. Heil. un- „seren Herrn zu sprechen und niemals habe ich jene „Audienz erhalten können, die ich mir wünschte."

„Endlich habe ich ihn denn gesprochen und S. Heil. „hat mir ein so günstiges Gehör geliehen, dass er alle, „die im Zimmer zugegen waren, wegschickte und ich „mit unserem Herrn und einem Kammerdiener, auf „den ich mich verlassen kann, allein blieb und ihm „also meine Sache ruhig vortragen konnte."

„Und er hörte mich mit Wohlwollen an; denn ich „stellte S. Heil. mich zugleich mit Euch zu jeder Art „Dienst und wie es ihm gut dünken würde, zu Gebote „und fragte nach den Gegenständen und den Maassen „und allem Uebrigen. S. Heil. erwiderte mir folgendes: „Bastiano, Juan dell' Aquila hat mir gesagt, dass in „dem unteren Saale (sala d'abasso) sich nichts Gutes „machen lässt wegen der Wölbung, die sie gemacht „haben, indem da, wo die Wölbung ausläuft, gewisse „Lunetten entstehen, die fast bis zur Mitte der Fläche „gehen, auf welche die Bilder kommen sollen."

„Und dann sind auch die Thüren da, die nach den „Zimmern des Monsignor de' Medici führen. So dass „es also nicht angehe, ein Bild für je eine Wand zu „machen, wie es eigentlich sein müsste; wohl aber „würde sich für je eine Lunette ein Bild machen las- „sen, denn diese sind je 18 und 20 Palmen breit und „man kann ihnen die erforderliche Höhe geben. In- „dess würden in einem so grossen Gemach jene Figu- „ren zu klein erscheinen. Und noch sagte mir S. Heil., „dass jener Saal sehr zugänglich sei. Und alle diese „Reden kommen von Juan Baptista dell' Aquila her „und von anderen Personen, die mich lieber nicht in „diesem Palaste sehen möchten."

„Aber, Gevatter! auf Treue und Glauben und unter „uns gesagt, wie ich von gewissen Personen im Palast „angesehen werde, so müsste es scheinen, als ob ich „der Teufel selbst wäre oder als ob ich diesen ganzen „Palast verschlingen sollte. Aber Gott sei Dank, ich „habe noch einige Freunde und zuletzt werden sie sich

„von allem überzeugen. Darnach sagte mir unser „Herr: Bastiano, auf mein Gewissen, mir gefällt das „nicht, was jene machen, noch hat es irgend jemand „gefallen, der das Werk gesehen hat. In Zeit von „vier bis fünf Tagen will ich mir die Arbeit ansehen „und wenn sie nichts besseres machen als das, mit „dem sie angefangen, so will ich, dass sie nicht weiter „daran arbeiten sollen. Ich werde ihnen irgend etwas „anderes zu thun geben, und das, was sie gemacht „haben, herunterschlagen lassen und ich werde dann „jenen ganzen Saal Euch geben, denn ich habe die Ab-„sicht, ein schönes Werk zu machen, oder ich lasse „ihn mit Damastmustern ausmalen."

„Ich antwortete ihm, dass ich mir mit Eurer Hülfe „Wunderdinge zu machen getraute, worauf er antwor-„tete: Daran zweifle ich nicht, denn Ihr alle habt von „ihm gelernt. Und auf Treu und Glauben und unter „uns gesagt: S. Heil. sagte mir ferner: Betrachte doch „die Werke Rafael's, wie er die Werke Michelangelo's „gesehen, hat er plötzlich die Weise des Perugino ver-„lassen und sich, soviel er konnte, der des Michel-„angelo genähert. Der aber ist ja fürchterlich, wie du „selbst siehst und es lässt sich gar nicht mit ihm um-„gehen.[1]) Worauf ich S. Heil. erwiderte, dass Eure „Furchtbarkeit keinem Menschen Schaden thäte und „dass Ihr nur so schrecklich erscheint aus Liebe zu der

---

[1]) „Guarda l'opere di Rafaelo che come vide le opere di Michelagnolo subito lassó la maniera del Perosino et quanto più poteva si accostava a quella di Michelagnolo; ma è terribile, come tu vedi, non si pol pratichar con lui."¶

„Wichtigkeit des grossen Werkes, das Ihr vorhättet und „noch Manches andere, was mitzutheilen nicht nöthig „ist, indem es von keinem grossen Gewichte war."

„Ich habe nun diese vier Tage gewartet, und habe „mich erkundigt, ob S. Heil. die Arbeit besucht hat. „Ich höre ja und dass man noch nichts sehen und „beurtheilen könne, ehe nicht gewisse Hauptfiguren, „die angefangen und halb fertig sind, ganz vollendet „wären, und dass je weiter jene fortschritten, es dem „Papste um so mehr missfiele. Doch will er jenen „jungen Leuten zu gefallen noch vierzehn Tage oder „drei Wochen warten, bis sie jene Figuren vollendet „haben. Und dies ist Alles, was hier vorgefallen ist, „seitdem ich Euch nicht geschrieben habe."

Die Aechtheit des Briefes, dessen Original sich im Archivio Buonarroti befindet, ist unanfechtbar. Dass er aber im Jahre 1512 geschrieben worden wäre, machen viele Gründe nicht bloss in hohem Grade unwahrscheinlich, sondern geradezu unmöglich. Kann man annehmen, dass Sebastian del Piombo schon so frühzeitig in eine ausgesprochen feindselige Stellung Rafael gegenüber, in eine so nahe Beziehung zu Michelangelo getreten sei? Vasari erzählt uns, dass der venetianische Maler durch Agostino Chigi nach Rom gelockt wurde und seine ersten Kunstproben in der Farnesina ablegte. Das muss ungefähr in der Zeit gewesen sein, in welcher der Brief an Michelangelo angeblich verfasst ist. Sebastian befand sich in einem Rafael befreundeten Kreise und daher schwerlich in der Stimmung, wie sie der Brief voraussetzt.

Sebastian begrüsst Michelangelo als seinen lieben Gevatter. Gevatter stand aber Michelangelo bei Sebastians Kinde erst im Jahre 1519.[1])
Der Papst spricht in dem Briefe von „zoveni", von jungen Leuten, die im vaticanischen Palaste mit Malereien beschäftigt sind. Solche kann man daselbst 1512 nicht nachweisen. Sind darunter, wie nicht bezweifelt werden kann, Schüler Rafaels gemeint, so muss schon aus diesem Grunde ein späteres Jahr angesetzt werden; denn 1512 gab es noch keine selbständig thätigen Schüler Rafaels.

Die „sala dabasso", um welche es sich handelt, ist der grosse Saal im Appartamento Borgia, welcher erst unter Leo X. von Perino del Vaga und Giovanni da Udine mit Deckenbildern (sieben Planeten) geschmückt wurde. Dieser Raum steht, wie der Papst in Sebastiano's Brief sich äussert, mit den Kammern des Monsignor de' Medici in Verbindung. Spielt die Unterredung Sebastiano's mit dem Papste im Jahre 1512, so war unter dem Monsignor de' Medici der spätere Papst Leo X. zu verstehen. Dieser residirte vor seiner Thronbesteigung niemals im vaticanischen Palaste, sondern im Pal. Madama[2]), wohl aber hatte unter dem Pontificate Leo's der Cardinal Giulio de' Medici hier seine Wohnung.

Sebastian legt dem Papste das geflügelte Wort „terribile", auf Michelangelo angewendet, in den Mund.

---

[1]) Vgl. Brief an Michelangelo vom 29. Dec. 1519 bei Bottari (Racc. VIII. 42), wo er nur falsch datirt ist.
[2]) Nach gütiger Mittheilung des Herrn von Reumont.

Von Julius II. ausgesprochen bleibt dieses Urtheil unverständlich. Denn nicht Michelangelo, sondern der Papst hatte sich als „terribile" erwiesen, und den Verkehr beschwerlich gestaltet. Sein Wille allein galt. Von einem starken Widerspruche Michelangelo's ist weder in den Urkunden noch in den Briefen die Rede. Die von Vasari mitgetheilten Anecdoten sind offenbar später erfunden worden, um den in Künstlerkreisen umlaufenden Beinamen an Exempeln zu erhärten und da passte der stahlharte Julius II. als Folie besser als der weichliche, vornehme, verzogene Leo X. Nach der heimlichen Flucht aus Rom 1506 wagt sich Michelangelo nicht in die Nähe des Papstes; er sei dermassen in Schrecken gesetzt, schreibt Soderini von ihm, dass es besonderer Mittel bedürfen werde, um ihm Muth einzuflössen. Und auf dem Wege nach Bologna fühlte er den Strick um den Hals. Später als er weder Geld empfängt, noch auch die Erlaubniss, das Grabdenkmal fortzusetzen, beklagt er sich wohl gegen andere, dass er aber auch dem Papste gegenüber schroff aufgetreten sei, davon verlautet keine Kunde. Ganz anders stand Michelangelo zu Leo X. Auch Papst Leo hielt den Künstler von seiner Hauptaufgabe beharrlich zurück, liess ihn nicht das Grabdenkmal Julius II. fortsetzen, sondern beschäftigte ihn mit Plänen für die Façade von S. Lorenzo, wobei für Michelangelo nichts herauskam als eine mehrjährige Plage in den Steinbrüchen von Serravezza, um passende Marmorblöcke zu gewinnen. Schwer empfand Michelangelo die Unterbrechung seines Berufes. Diesesmal macht er seinen Zorn nicht in halblauten Klagen kund, er überhäuft den Papst mit Vorwürfen, verhandelt mit ihm auf dem Fusse gleichberechtigter Macht, stellt ihm geradezu ein Ultimatum. Wer das (nicht an Sebastian del Piombo gerichtete) Schreiben, welches Michelangelo in den ersten Wochen (vor dem 10. März) 1520¹) verfasste und an einen einflussreichen Hofbeamten nach Rom sandte, bei Milanesi (CCCLXXXIV) durchliest, zweifelt keinen Augenblick, dass Leo X., nachdem er von demselben Kenntniss genommen, ausrufen konnte: „ma è terribile, non si pol prafichar con lui." Es war bei diesem Anlasse, dass Sebastian den Papst bei Michelangelo ²) zu entschuldigen suchte, dessen gute Gesinnung hervorhob und das geflügelte Wort des Papstes erläuterte: Ihr macht, dass Euch alle Welt fürchtet, sogar der Papst. „Ma fate paura a ognuno, insino a' Papi."

Die einzelnen gegen das Briefdatum 1512 angeführten Gründe wiegen verschieden schwer, alle zusammen aber doch genug, um die Glaubwürdigkeit desselben zu erschüttern. Das Entscheidende aber in der Sache ist, dass Michelangelo im October 1512 ruhig in Rom lebte, also nicht aus Rom an ihn gerichtete Briefe empfangen konnte. Im Herbste 1512 hatten die Florentiner Optimaten die Rückberufung der Me-

---

¹) Am 10. März 1520 wurde der Vertrag, welcher den Künstler an den Bau von S. Lorenzo band, gelöst und er von allen weiteren Verpflichtungen und auch von der Rechnungsablage befreit. *Milanesi* p. 581.

²) Das Brieffragment ist bei *Gotti* I. 190 abgedruckt.

dici erzwungen, die Verfassung gestürzt, ein Gewaltregiment eingeführt. Unter den Kriegsstürmen, welche den toskanischen Boden bewegten, hatten auch Michelangelo's Angehörige zu leiden, der Vater verlor sogar das kleine Amt, das er bekleidet. Mit sorglichem Blicke verfolgte Michelangelo in Rom die Ereignisse in seiner Vaterstadt. Auf die erste Nachricht hin gibt er den Rath, es zu machen wie bei dem Ausbruche der Pest: alles im Stiche lassen und fliehen. Später beruhigt er sich etwas. Die Flucht sei nicht nöthig, doch warnt er vor unvorsichtigen Gesprächen und politischen Aeusserungen. „Kümmert Euch nur um Eure eigenen Angelegenheiten!" Was diese betrifft, so mahnt er zur Geduld und vertröstet auf Gottes Rathschläge; doch will er mit Giuliano de' Medici wegen des seinem Vater entzogenen Amtes reden und weist, um der Noth vorzubeugen, dem Vater eine Geldsumme an. Gerade in diesen Herbstwochen steht er, wie die bei Milanesi abgedruckten Briefe zeigen, in regem Verkehr mit seiner Familie. Dass ihn die öffentlichen Zustände in Florenz nicht zum Besuche reizten, kann aus den angeführten Briefstellen entnommen werden. Und wenn er auch (vor dem Ausbruche der florentiner Revolution) das Versprechen gegeben hatte, vor Allerheiligen nach Florenz zu kommen, so gab er doch später den Plan auf. Ein bei Milanesi allerdings falsch datirter Brief (xv) sagt unumwunden. „Diese Allerheiligen komme ich nicht nach Florenz." Damit ist der herkömmlichen Datirung des Briefes Sebastian del Piombo's: 1512 jede Stütze geraubt.

Bei der Prüfung des Briefes musste es überhaupt auffallend erscheinen, dass der Gegensatz zwischen den Anhängern Michelangelo's und Rafael's schon in so früher Zeit feste Formen angenommen und zu geschlossener Parteiung geführt hätte. Vielleicht fühlte sich Michelangelo schon damals dem jüngeren Künstler entfremdet. Hatte er doch, eigentlich so lange er lebte, stets unter dem leidigen Künstlerstreite gelitten, sich über die Genossen zu beklagen Ursache gehabt und selbst auch zu Klagen Anlass gegeben. Schwerlich aber war es schon 1512 zwischen ihm und Rafael zu einem offenen Kampfe gekommen, welchen die Schüler fortzusetzen und zu steigern sich verpflichtet wähnten.

Bereits in Bologna, während er an der Erzstatue des Papstes arbeitete, trennte sich Michelangelo von seinen Gehilfen in Unfrieden. Die Briefe an Vater und Bruder aus dem Anfang 1507 sind voll von diesen Werkstattgeschichten, die natürlich nur wegen Michelangelo's Persönlichkeit unser Interesse erregen. Sonst liesse uns das Treiben des Lapo d'Antonio di Lapo und des Ludovico di Guglielmo del Buono, — so hiessen die beiden von Michelangelo weggejagten Gesellen — vollständig gleichgiltig. Auch mit dem Giesser der Papststatue, mit Meister Bernardino d'Antonio unterhielt er keine warme Freundschaft. In Rom sodann, wohin er mehrere Maler aus Florenz berufen hatte, um ihm bei den Deckenbildern in der Sixtina beizustehen, brach abermals schon nach kurzer Zeit Streit und Zank aus. Der Maler Indaco kehrte im Anfang 1509 nach Florenz zurück, hier, wie Michelangelo (Milanesi x) fürchtet; arge Dinge über die ihm widerfahrene Behandlung verbreitend. Ob er gerechten Grund zur Klage hatte, können wir nicht mehr entscheiden. In einem andern Falle erblicken wir in Michelangelo das Opfer leichtgläubiger Gutmüthigkeit und begreifen, dass allmälig finsteres Misstrauen in seiner Brust sich festsetzen musste. Luca Signorelli gewann sein Ohr durch das Vorgeben, er sei ein Opfer der politischen Parteiung, die Anhänglichkeit an die Medici habe sein Leben in Florenz in Gefahr gebracht und nachdem er bei Michelangelo (1513) eine stattliche Anleihe aufgenommen, verschwindet er nicht allein aus der Stadt, sondern behauptet auch, zur Rückzahlung gemahnt, lügenhaft, dieselbe schon geleistet zu haben. Unfasslich ist uns nur, dass dieser „grandissimo ribaldo" Luca Signorelli hiess, schwer fällt es uns mit dieser Anklage zusammenzureimen, was wir sonst von dem nächsten Geistesverwandten Michelangelo's wissen, und den gerühmten Eigenschaften des Mannes, seiner „reinen Gesinnung", seinem edlen Wohlwollen auch den Zug gemeiner Betrugsucht anzufügen. Und doch kann unter dem „maestro Luca da Cortona pittore" niemand anderer gemeint sein, als der Schöpfer des jüngsten Gerichtes in der Cathedrale zu Orvieto.[1]) In der Reihe der Gegner Michelangelo's finden wir sodann den Bildhauer Jacopo Sansovino. Bei dem Baue der Façade von

---

[1]) Die Klagschrift gegen Luca Signorelli ist bei Gotti II. 53 abgedruckt.

S. Lorenzo, wie er meint durch Michelangelo's Schuld, übergangen, überschüttete er denselben mit Schmähungen, die an die berühmten Invectiven der alten Humanisten erinnern und wie diese auch nicht auf eine genaue Wage gelegt werden dürfen.[1)]

Nach den von Condivi und Vasari gesammelten Atelieranecdoten müsste der Ausbruch der Feindseligkeiten zwischen Michelangelo und Rafael gleich nach Ankunft des letzteren in Rom begonnen haben. Die Wahrscheinlichkeit spricht nicht dafür. Ueber zwei Dinge führte Michelangelo zu Lebzeiten Julius II. die schärfste Klage: dass er von der Arbeit am Grabdenkmale abgezogen wurde und dass er für seine Arbeiten kein Geld empfing. Weder auf das eine noch auf das andere übte nachweissbar Rafael irgend welchen Einfluss. Dagegen mochte sich der ältere Meister während dem Pontificate Leo X. gegen den jüngeren Genossen zurückgesetzt fühlen. Gegenüber der Fülle von Werken, welche Rafael von 1513 bis 1520 in das Leben ruft, welche Schöpfungsacte lassen sich in der gleichen Zeit von Michelangelo verzeichnen? Er ist gezwungen, den Staub der Steinbrüche zu athmen und sich mit Vorbereitungen zu Arbeiten abzuplagen, die niemals durchgeführt werden. Und wenn auch die eigene Eifersucht geschwiegen hätte, so konnte er doch nicht verwehren, dass ihm die Freunde ähnliche Gedanken zuflüsterten, ihn in der

---

[1)] *Gotti* I. 136. „Ogn' ora dite no e si, come vi venga bene e utile."

schlimmsten Weise gegen Rafael verhetzten. In welchem Umfange das geschah, ersehen wir erst jetzt vollkommen aus den von *Gotti* mitgetheilten Briefen. Sebastian del Piombo und Leonardo di Compagno, ein Florentiner, der in Rom als Sattler in Banco di Borgherini ansässig war und in regem Verkehr mit Michelangelo stand, scheinen insbesondere die Ohrenbläserei als Geschäft zu betreiben. Sie senden keinen Brief ab, welcher nicht einen Nadelstich gegen Rafael enthielte oder in welchem sie sich nicht schadenfroh über den vermeintlichen Niedergang des Rafaelischen Sterns äusserten. „Aufgepasst!" rief Leonardo (22. Nov. 1516) Michelangelo zu. „Rafael hat das Thonmodell zu einer Kinderfigur für Pietro d'Ancona gemacht und dieser beinahe in Marmor vollendet. Die Leute sagen, das Ding sei gut ausgefallen." [1]) Offenbar soll Rafael verdächtigt werden, als wolle er mit Michelangelo auf dessen eigenstem Boden wetteifernd kämpfen. „Der Fürst der Synagoge", heisst er im Briefe (2. Juli 1518) Sebastiano's. „Schade, dass Ihr die beiden nach Frankreich gesendeten Bilder des Fürsten der Synagoge nicht gesehen habt. Ich sage nichts anderes als dass

---

[1]) „A fatto un modello di tera a Pietro d' Ancona d' un putino, e lui l'à presso che finito di marmo, e dichono sta asai bene; sievi aviso." Gotti II. 59. Unter dem puttino dürfte wohl der todte Knabe auf dem Delphin gemeint sein, welche Marmorfigur die Eremitage in S. Petersburg besitzt. In diesem Falle wäre der Antheil Rafaels genau festgestellt; er machte das Thonmodell, der sonst unbekannte Pietro d' Ancona führte das Modell in Marmor aus.

die Figuren alle im Rauche gesteckt zu haben scheinen." [1])

Der arme Rafael. Auch was er sonst malt, gewinnt nicht den Beifall des buonarrotischen Kreises; die Leistungen Sebastiano's werden dagegen in den Himmel erhoben. Leonardo Sellaio schreibt (1. Januar 1518): „Bastiano hat sein Bild (Auferweckung des Lazarus) beinahe vollendet. Es ist ihm so gut gelungen, dass alle Kenner ihn weit über Rafael stellen. Die Deckenbilder des Agostino Chigi (in der Farnesina) wurden aufgedeckt, für einen grossen Meister eine schlechte Arbeit, viel schlechter als die letzte Stanze (der Burgbrand) im Palaste, so dass Bastiano nichts fürchtet." [2]) Sebastiano ist derselben Ansicht. Als sein Bild fertig war und ausgestellt wurde, fand es, wie er versichert, allgemeinen Beifall. Er selbst urtheilt (29. December 1519) darüber so: „Ich glaube, meine Tafel ist besser gezeichnet als das Tapetenzeug,

---

[1]) „Duòl mi nel animo non sette stato in Roma a veder dua quadri, che son iti in Franza del Principe dela Sinagoga, che credo non vi possete imaginar cosa più contraria a la opinion vostra, de quello havaresti visto in simil opera. Io non vi dirò altro, che pareno figure che siano state al fumo. *Gotti* II. 56. Es sind Rafaels grosse h. Familie (im Louvre) und die h. Margaretha (ebendort) gemeint.

[2]) *Gotti* II. 56. „Bastiano à presso e finito e riesce di modo che quanti intendenti ci sono, lo mettono di grandissima lunga sopra a Rafaello. E scoperta la volta d' Agostino Ghisi: chosa vituperosa a un gran maestro: pegio che l' ultima stanza di palazzo asai; di modo che Bastiano non teme di niente."

das aus Flandern gekommen."[1]) Unter dem Tapetenzeug müssen die nach den Rafaelschen Cartons gewirkten Teppiche verstanden werden.

So lange Rafael lebte, blieben natürlich alle Versuche, ihn von der Arbeit zu verdrängen, erfolglos. Nach seinem Tode hätten aber die Schüler Michelangelo's sich gern in die Hinterlassenschaft getheilt. Sie suchten die besten Aufträge an sich zu reissen und hofften insbesondere, dass nicht den bisher bevorzugten Jüngern Rafaels, sondern ihnen die Fortsetzung der vaticanischen Arbeiten werde überwiesen werden. Michelangelo's Theilnahme dafür zu gewinnen, wurde ihnen nicht schwer. In einem Briefe an den Cardinal Bernardo Dovizi (Juni 1520) empfahl er dringend den Sebastian del Piombo. Der Ton des Briefes (Milanesi CCCLXXIII) soll scherzhaft sein, klingt aber in Wahrheit bitter ironisch und zeigt nur allzudeutlich, wie wenig Michelangelo seine vermeintliche Zurücksetzung verschmerzte. Nicht als Freund oder Diener erbittet er die Vermittlung des Cardinals, denn er sei unwürdig, das eine oder das andere zu heissen. Aber geradeso wie Zwiebeln der Abwechslung halber gut schmecken, wenn man Kapaunen satt bekommen hat, so mag auch manchmal ein Dienst, der einem armen Teufel oder Narren erwiesen wird, nicht unangenehm

---

[1]) *Gotti* I. 126: „Credo che la mia tavola sia meglio disegnata che non sono i panni ed arazzi che sono venuti da Fiandra." Der Brief war schon früher von Bottari (Racc. VIII. 42) publicirt worden.

sein.¹) Sebastian selbst überreichte den Brief dem Cardinal, dessen Antwort jedoch den Wünschen des Bittstellers nicht vollständig entsprach. Zwei Säle harrten noch zur Zeit des Todes Rafaels des malerischen Schmuckes. Beide führten den Namen sala de' Pontifici, lagen übereinander und wurden als sala da basso und sala di sopra von einander unterschieden. Heute führen sie den Namen: sala Borgia und sala di Constantino. Die Arbeiten in letzterer nun, erzählte der Cardinal, wären bereits vergeben. „Der „Papst hatte sie den Gehilfen Rafaels überwiesen und „diese zur Probe eine Figur in Oel auf die Mauer „gemalt so schön, dass kein Mensch mehr die von „Rafael selbst gemalten Kammern ansehen wird. Dieser „Saal wird alle Welt erstaunen machen und das präch- „tigste werden, was seit dem Alterthum bis jetzt in „der Malerei geleistet wurde."²) Sonach blieb nur die „sala da basso" noch übrig. Und in der That wurde dieselbe auch Sebastiano zur Bemalung angetragen.

---

¹) „Io prego la vostra Reverendissima Signoria, non come amico o servo, perchè io non merito esser nè l'uno nè l'altro: ma come omo vile, povero e matto, che facci che Bastiano Veneziano pittore abi, poi ch'è morto Raffaelo, qualche parte de' lavori di Palazzo."

²) „Lui (il Cardinale) mi disse, che 'l Papa haueva dato la Sala de Pontifici a li garzoni di Raphaello e costoro hauea facto una mostra de une figura a olio in muro ch'era una bella cosa, de sorta che persona alcuna non guarderia le camere che ha facto Raphaello; che questa salla stupefaria ognicosa et che non sara la più bella opera facta da li antichi in qua de pictura. *Milanesi* p. 413. Darnach rührt der Versuch, im Constantinssaal auf die Mauer mit Oel zu malen, nicht von Raphael, sondern von seinen Schülern her.

Er weigerte sich zunächst darauf einzugehen. Entrüstet sagte er dem Unterhändler, er sei nicht schlechter als die Gehilfen Rafaels und wolle nicht einen Keller malen, während man jenen die Goldgemächer überlasse."[1] Dem Papste gegenüber trat Sebastiano nicht so schroff auf, wohl aber hatten seine und Michelangelo's Freunde den ersteren dahin gebracht, dass dieser, der nur für Rafaels Gehilfen entschieden hatte des lieben Friedens willen, nun selbst den unteren Saal für wenig passend erklärte und sich geneigt zeigte, den oberen, den Constantinssaal, dem Sebastiano zu überlassen, insbesondere, wenn Michelangelo selbst sich an der Arbeit betheiligen würde. Von der Unterredung mit dem Papste, in welcher darüber verhandelt wurde, berichtet der bis jetzt fälschlich in das Jahr 1512 versetzte Brief. Das richtige Datum ist der 15. October 1520. So erst bekommt er volle Klarheit, so allein auch die wahre Bedeutung.

Nun versteht man, was es heisst: der Papst sei unzufrieden mit dem was die garzoni angefangen haben, und habe Lust alles herunterschlagen zu lassen. Nun begreift man, wie Sebastiano antworten konnte: Mit Michelangelo's Hilfe getraue er sich Wunderdinge zu machen. In das Jahr 1512 gestellt enthält der Brief Sebastiano's nur Unsinn; im Zusammenhange dagegen mit dem Schreiben, welches Sebastiano am 3. Juli 1520 an Michelangelo richtete und dem folgenden vom 27. October 1520 gelesen und zwischen diese beiden

---

[1] Gotti I. 137.

gelegt, wird er frei von allen inneren Widersprüchen. Die Kunde, die er giebt, ist wohl auch dann neu, sie steht aber im Einklange mit allen anderen authentischen Nachrichten.

Nachdem der Papst dafür gewonnen war, den Schülern Rafaels den Abschied zu geben und die Ausmalung des Constantinsaales Michelangelo und dessen Genossen zu übergeben, setzte Sebastiano alles daran, den Meister zur Theilnahme zu bewegen. „Es kann keinen ehrenvolleren Auftrag in der Welt geben," schreibt er ihm am 27. October 1520. „Das wäre eine prächtige Gelegenheit, sich für alle erlittenen Unbilden zu rächen und die Schwätzer zum Schweigen zu bringen. Die schönsten Geschichten lassen sich in dem Saale malen. Da ist zuerst die Geschichte von Constantin dem Grossen, dem ein feuriges Kreuz in den Lüften erscheint, dass er in diesem Zeichen siegen werde und wie er einen König erschlägt; dann an der grösseren Wand eine Schlacht, ein Waffengang und auf der anderen Seite die Schilderung, wie dem Kaiser Gefangene vorgeführt werden. Endlich an der letzten Wand die Vorbereitung zum Blutbade der Kinder, wobei die Mütter und die Kinder und die Schergen, welche die Kinder tödten sollen, um dem Kaiser das Bad zu bereiten, auftreten. Von diesen Geschichten, sagte mir der Papst, hätten die Schüler Zeichnungen von Rafaels Hand. Mir scheint, nachdem ich die Geschichten gelesen habe, dass man nichts besseres machen und auswählen könne. Wenn man es kann, so thut es, denn was Ihr bestimmt, soll geschehen. Und ich bitte Euch, Gevatter, um der Liebe willen, die zwischen uns herrscht, seid so gut und antwortet mir, damit ich weiss, was ich zu thun habe. Ich werde von allen gescholten, besonders vom Papste, weil ich ihnen nichts zu antworten weiss. Es gilt doch Euere Ehre ebensogut wie meine." [1]

Die Antwort Michelangelo's, falls überhaupt eine Antwort von dem einsam grollenden Achilles kam, lautete offenbar ablehnend. Die Schüler Rafaels wurden aus dem Constantinssaale nicht vertrieben, sondern blieben mit der Ausmalung desselben betraut. Doch haben sie das von Sebastiano mitgetheilte Programm theilweise verändert. Das ist nicht die einzige überraschende Kunde, die wir aus Sebastiano's Briefen schöpfen. Bisher wurde angenommen, Rafael von Bramante angestachelt, hätte gern Michelangelo's Arbeit an sich gerissen und sich um die Fortsetzung der von Michelangelo begonnenen Malerei in der Sixtina eifrig beworben. Von diesen Schritten Rafaels

---

[1] *Gotti* I. 138. „Non è nel mondo la più onorevole impresa di questa; qui ve vendicate de tutte le ingiurie v' è state fatte et farete tacere le cicale che non gridarano più, perché in questa stancia e' v' à le più belle istorie che si possi depegne." Nach Aufzählung des Inhaltes der Wandbilder fährt er fort: „Queste istorie, me disse el Papa, che le voleano et che costoro aveano e' disegni de mano de Raffaello. Et io li resposi quello vi scrissi ne l'altra. A me pare che per letione de estorie non si posso far meglio, nè elegere meglio; sì che, fate voi: tanto quanto ordinarete sarè servito. Et pregovi, compar mio, per l'amore è tra nui, degnatevi a rispondermi, a ciò sappi quello io abbi a fare; perchè io sono vituperato con tutti costoro, massime col papa, perchè io non so che responderli; perchè li va cossì l'onore vostro come el mio."

und Bramante's schweigen die Urkunden vollständig. Dagegen erfahren wir, dass Michelangelo nach Rafaels Tode hart angegangen wurde, die Schüler des letzteren zu verdrängen und an ihrer Stelle die Malerei in den vaticanischen Stanzen zu vollenden. Ist nicht aus dieser Thatsache mit Verwechslung der handelnden Personen die von Condivi und Vasari erzählte Legende entstanden? Unmöglich wäre es nicht, da wir wissen, in welchem Grade die mythenbildende Phantasie schon in Condivi's und Vasari's Zeitalter wirksam war. Und wäre es nur stets bei der blossen Erweiterung des historischen Kerns geblieben. Gar häufig werden aber die Ereignisse im parteiischen Tone erzählt und in tendenziösem Sinne gefärbt. Man empfängt ungefähr denselben Eindruck, welchen die Schilderung des Verhältnisses zwischen Goethe und Schiller aus dem Kotzebue — Schlegelschen Kreise hervorruft.

Das Studium der Briefe Michelangelo's hat unser Wissen von diesem Meister in überraschender Weise vermehrt und geläutert. Aber wenn wir auch diesen Gewinn nicht erworben hätten, wenn ihr Studium nur die Folge hätte, dass es die namentlich Condivi entgegengetragene Vertrauensseligkeit in engere Schranken bannte, so wäre dasselbe fruchtbar gewesen und müsste uns zum Danke für die endliche Ausgabe der Briefe verpflichten.

ANHANG.

Die Zeitordnung der Briefe Michelangelo's.
(1506—1512.)

Die Frage nach der richtigen Zeitfolge der Briefe Michelangelo's wurde in der vorhergehenden Abhandlung zu wiederholten Malen angeregt und erörtert. Es zeigte sich die Nothwendigkeit, die überlieferten oder angenommenen Briefdaten in mehreren Fällen zu ändern; es wurde die von Milanesi in seiner Ausgabe der *„Lettere di Michelagnolo Buonarroti"* beliebte Ordnung öfter bestritten. Die Unsicherheit und das schwankende Wesen in der Chronologie der Briefe Michelangelo's erklärt sich nur gar zu gut aus der Gewohnheit Michelangelo's, seine Briefe ausnahmsweise zu datiren, so dass aus ihrem Inhalte allein die Zeit der Absendung errathen werden kann. Auch der Umstand, dass Michelangelo das Jahr nach Florentiner Sitte mit dem 25. März beginnen lässt, erschwert die Datirung, da es keineswegs als ausgemacht gelten darf, dass Michelangelo sich unwandelbar an die Florentiner Zeitrechnung hielt. Einmal, das lässt sich beweisen, wich er von derselben ab, nahm die römische Zeitrechnung an. Was er einmal that, hat er dieses nicht öfter wiederholt? Es erscheint aus diesen

Gründen begreiflich, dass Milanesi nicht immer und gleich das richtige traf, es muss vielmehr unsere Bewunderung erregen und verdient volle Anerkennung, dass in so vielen Fällen sein Scharfsinn sofort das wahre Datum erkannte. Auch das muss hervorgehoben werden, dass die meisten und grössten Irrthümer nicht in den Briefen nachweisbar sind, welche im Florentiner Archivio Buonarroti bewahrt und von Milanesi zuerst publicirt werden, sondern in jenen Schriftstücken, welche vor einiger Zeit nach London in das britische Museum gekommen sind.

Folgende Briefe heischen nach unserer Ueberzeugung eine Aenderung des Datums:

Milan. Nr. III. An den Vater Lodovico aus Rom gerichtet und 31. Januar 1507 datirt. (Brit. Museum).

Das Datum ist falsch und muss 31. Januar 1506 lauten. Zu dieser Correctur hätte die einfache historische Erwägung führen müssen, dass Michelangelo im Januar 1507 sich gar nicht in Rom, sondern in Bologna befand. Geradezu komisch wirkt es, am Fusse dieses Briefes ausnahmsweise die genaue Datirung von Michelangelo's Hand zu lesen: „a di trentuno di gennaio mille cinque cento sei." Natürlich glaubte man diese Angabe in die Florentinische Zeitrechnung umsetzen zu müssen und verbesserte die Jahreszahl. Der launige Zufall wollte aber, dass Michelangelo die römische Zeitrechnung gebrauchte.

Die Prüfung des Inhaltes bestätigt die Annahme, dass der Brief bereits 1506 geschrieben sei. Michelangelo ist offenbar kurz vorher (aus Carrara) in Rom angekommen, erwartet mit Sehnsucht die Marmorblöcke, welche er in Carrara für das Grabdenkmal des Papstes Julius II. hat brechen lassen und ist noch voll guter Hoffnungen zu dem raschen Gelingen des Werkes. „Ancora non ò potuto cominciare a far niente e pure do parole al Papa e tengolo in buona speranza, perchè e' non si crucci meco, sperando che 'l tempo s'acconci ch' io cominci presto a lavorare." So konnte er nur im ersten Jahre seines römischen Aufenthaltes schreiben. Dass Michelangelo erst kurz vorher in Rom sich niedergelassen hatte, zeigt auch die Bitte, ihm die in Florenz zurückgelassenen Zeichnungen durch einen Fuhrmann zu senden, eine Kiste sicher aufheben und ein Marmorbild der Madonna vorläufig niemand zu zeigen.

Die aus dem Briefe vom Januar 1506 sprechende Sorge um die Sicherheit seiner Habe und seiner Zeichnungen wird noch in einem anderen Briefe laut, den wir aus diesem Grunde in die gleiche Zeit versetzen möchten:

Milan. Nr. XXIII. An den Vater Lodovico aus Rom gerichtet und 3. Oct. 1510 datirt. (Brit. Museum.)

Das Monatsdatum ist richtig. Der nächstfolgende Brief Nr. XXIV, welcher den gleichen Gegenstand (Sendung einer Geldsumme durch das Bankhaus Altoviti) behandelt, trägt die Unterschrift „a di undici d'ottobre". Das Jahresdatum dagegen muss verworfen werden. Der Brief fängt an: io andai martedì parlare al Papa. Der Papst befand sich aber im October 1510 nicht in Rom, sondern seit Anfang September auf dem Wege nach Bologna, wo er den ganzen Herbst und Winter verweilte. Ein fernerer Grund das Jahresdatum zurückzuweisen liegt in der daselbst gegebenen Nachricht, er habe vom Papste 400 Ducaten empfangen. Nun sagt aber Michelangelo in einem eigenhändig datirten Briefe vom 26. October 1510 (Milanesi LXXXII) aus, er habe vom Datarius die Summe von 500 Ducaten erhalten. Dass er im Herbste 1510 zweimal nacheinander in seinen Geldforderungen wäre befriedigt worden, widerspricht allen anderen Nachrichten, die wir aus dieser Zeit besitzen.

Ein Resultat steht fest: Der Brief rührt nicht aus dem Jahre 1510 her; in welches Jahr wir ihn zu verlegen hätten, dazu giebt uns vielleicht der letzte Satz einen Fingerzeig. „Io vi scrissi che le mie cose o disegni o altro non fussino toche da nessuno. Non me ne avete risposto niente. Par che voi non legiate le mie lettere. Pregate Idio, che io abi onore qua e che io contenti el Papa, perchè spero se lo contento, averò qualche bene da lui: e ancora pregate Dio per lui." In diesen Worten klingt die Stimmung an, in welcher er sich naturgemäss am Anfange seines römischen Aufenthaltes, in den Tagen ungetrübter Hoffnungen befand; er bewegt sich in demselben Gedankenkreise wie in dem Briefe vom 31. Januar 1506. Es liegt nahe, auch ihn in die erste Zeit seines römischen Lebens, in eine noch frühere Periode, als den Januarbrief zu verlegen: in den October 1505.

Milan. Nr. V. An den Vater Lodovico aus Rom gerichtet und Juni 1508 datirt. (Brit. Museum.)

Bedenken gegen das angenommene Datum regt folgende Stelle im Briefe an: „Io attendo a lavorare quanto posso. Non ò avuto danari già tredici mesi fa dal Papa." Nun hat aber Michelangelo, wie aus seinen Ricordi (Milanesi p. 563) ersichtlich, am 10. Mai 1508 die Summe von 500 Ducaten vom Papste empfangen. Ein Irrthum des Schreibers, eine Verrechnung um volle zwölf Monate ist kaum denkbar; somit bliebe nichts anderes übrig, als den Brief jünger (Herbst 1509?) zu datiren.

Milan. Nr. IX. An den Vater Lodovico aus Rom gerichtet und 5. November 1508 datirt. (Brit. Museum.)

Das Monatsdatum steht von Michelangelo's Hand unter dem Briefe: a dì cinque di novembre. Gegen das Jahresdatum werden Bedenken laut. Michelangelo bittet, ihm einen Jungen, der die Hausarbeit verrichtet, später die Kunst erlernen könnte, aus Florenz zu senden. Denn in Rom „non si trova se non tristi." Ueber den Ausgang dieses Geschäftes belehrt uns der Brief Nr. XVIII. Der Junge ist in Rom angekommen, aber nicht genug, dass Michelangelo dem Fuhrmann, der ihn gebracht, einen hohen Lohn zahlen musste, zeigte sich auch der Junge zur Arbeit unfähig. Michelangelo sendet ihn daher wieder zurück. Dieser Brief trägt bei Milanesi das Datum Januar 1510. Man kann nicht füglich annehmen, dass über ein Jahr verging, bis der gesuchte Junge in Florenz gefunden wurde. Im anderen Falle muss man die Daten beider Briefe näher an einanderrücken. In welcher Richtung, ob die Zeitangabe in dem einen oder in dem anderen die richtige sei, können wir, da uns der Inhalt keine weitere Handhabe bietet, nicht entscheiden.

Milan. Nr. XII. An den Vater Lodovico aus Rom gerichtet; nur mit der Jahreszahl 1509 datirt. (Brit. Museum.)

Die Zeitbestimmung des Briefes hängt von dem Urtheile ab, welches man von Condivi's Glaubwürdigkeit hegt. Wer die Meinung mit Condivi theilt, dass Michelangelo die Deckenbilder in der Sixtina in 20 Monaten, also schon im Herbste 1509, vollendet habe, wird diesen Brief in das Jahr 1509 setzen. Denn am Schlusse desselben heisst es: Io verrò costà a ogni modo come ò finito qua la mia pittura, che sarà infra duo ò tre mesi. Wer dagegen die Ueberzeugung gewonnen hat, dass Condivi's Angaben den wirklichen Thatsachen widersprechen und den Schluss der Malereien in den Herbst des Jahres 1512 setzt, wird auch diesen Brief erst im Jahre 1512 geschrieben annehmen. Zur Bekräftigung der letzteren Ansicht dient noch folgendes.

Wir besitzen aus dem Jahre 1512 eine Reihe sicher datirter Briefe. Sie sind an den Bruder Buonarroto gerichtet, welcher die löbliche Gewohnheit besass, den Empfangstag der Briefe eigenhändig zu vermerken und bei Milanesi Nr. LXXXVII bis XC abgedruckt. In denselben werden dieselben Gegenstände behandelt wie in Nr. XII. Es wird die nahe Beendigung der Malerei in der Sixtina angekündigt, die Möglichkeit baldiger Abreise nach Florenz in Aussicht gestellt, über die Vortheile und Nachtheile des Ankaufes eines gewissen Grundstückes gesprochen.[1]) Aus denselben Gründen muss auch das Datum des nächstfolgenden *Briefes Nr. XIII* aus dem Jahre 1509 in das Jahr 1512 umgeschrieben werden.

Milan. Nr. XV. An den Vater Lodovico aus Rom gerichtet und October 1509 datirt. (Brit. Museum.)

Die Hauptstelle in diesem Briefe ist die Mittheilung, dass die Fresken in der Sixtina zum Abschlusse gekommen sind und die Zufriedenheit des Papstes gewonnen haben. Der Besuch in Florenz zu Allerheiligen wird abgesagt, über die geringe Gunst, welche „unsere Kunst" erfährt, Klage geführt. Unter „arte nostra" versteht Michelangelo wohl die Sculptur. Der ganze Inhalt weist auf den Herbst 1512 hin und lässt ihn in die Reihenfolge nach Nr. XXXVI verlegen.

Milan. Nr. XVII. An den Vater Lodovico aus Rom gerichtet und 5. Januar 1510 datirt. (Brit. Museum.)

Tag und Monat stehen von Michelangelo's Hand im Briefe, die Jahreszahl ist gerathen. Mit diesem Briefe steht der an den Bruder Buonarroto gerichtete Nr. LXXXV im

---

[1]) Vgl. auch die Briefe Nr. XXVIII u. XXIX aus dem J. 1512.

unmittelbaren Zusammenhange. Bruder Buonarroto will heiraten, um seine materielle Lage zu verbessern. Die beiden Briefe Michelangelo's enthüllen uns nun seine Gedanken über den Heiratsplan, seine Mahnung, sich nicht zu übereilen. Nur der eine Brief ist aber sicher datirt, nämlich der an den Bruder gerichtete. Auf diesem hat Michelangelo den Tag der Absendung: „a dì dieci di genaio", der Bruder den Tag des Empfanges: „1510 da Roma; a dì 15 di gennaio ricevuta" vermerkt. Da sich Buonarroto an die florentinische Zeitrechnung hält, so lautet das umgesetzte Datum: 10. Januar 1511, und so hat auch Milanesi den aus dem Archivio Buonarroti geschöpften Brief datirt. Dann muss aber auch der Brief Nr. XVII diesem Datum folgen. Jeden Brief einem anderen Jahre zutheilen, erscheint unstatthaft.

Milan. Nr. LXXXIV. An Buonarroto di Lodovico aus Rom gerichtet und 11. Januar 1511 datirt. (Brit. Museum.)

Diesem Briefe lässt Milanesi einen vom Tage vorher, den 10. Januar 1511, datirten Nr. LXXXV. folgen. Das Datum des letzteren ist durch die Bescheinigung des Empfanges sichergestellt. Es kann auffallen, dass Michelangelo seinem Bruder an zwei unmittelbar auf einander folgenden Tagen schreibt und in dem am 11. Januar gesendeten auch nicht mit einer Silbe auf den 24 Stunden vorher abgeschickten Bezug nimmt. Doch entscheidend für die Zeitfrage ist folgendes. Der Eingang des Briefes vom 10. Januar lautet: Io ebi più giorni fà una tua lettera, per la quale ò inteso l'animo tuo apunto etc. Das setzt jedenfalls voraus, dass Michelangelo sich mehrere Tage bereits in Rom befand. Am folgenden Tage, den 11. Januar aber schreibt Michelangelo: „Io gunsi qua martedi sera a salvamento, Idio grazia." Mit dieser Nachricht hätte doch Michelangelo den Brief vom Tage vorher beginnen müssen. Es erscheint daher rathsam, den Brief vom 11. Januar anders zu datiren. Als Wegweiser dient uns der Schlusssatz, der ausser einem Grusse an den Gonfaloniere die Mahnung enthält: Tieni serrato il cassone, che e' mie' panni non sieno rubati come a Gismondo. Aehnliche Sorgen um seine in Florenz zurückgelassene Habe sprechen die Briefe aus dem Jahre 1506 aus und so gehen wir vielleicht nicht irre, wenn wir auch dieses Schreiben in den Anfang des römischen Lebens Michelangelo's versetzen.